1行読んでおぼえる小学生必修1006漢字

低学年500漢字

藁谷 久三
Waragai Hisami

梧桐書院

はじめに――声高《こえたか》く読《よ》まれ、話《はな》し合《あ》われてほしい

最近《さいきん》、『小学校《しょうがっこう》でならう漢字《かんじ》１００６字《じ》ブック』（すばる舎《しゃ》）という、小学生《しょうがくせい》のためのちょっとした豪華本《ごうかぼん》が世《よ》に出《で》ました。これが〝発売《はつばい》たちまち増刷《ぞうさつ》〟となってくれて、その本《ほん》の監修役《かんしゅうやく》を仰《おお》せ付《つ》かっていた私《わたくし》は、小学生《しょうがくせい》やその親《おや》たちの、漢字学習《かんじがくしゅう》への意欲《いよく》の強《つよ》さに驚《おどろ》くとともに励《はげ》まされました。

その本《ほん》の制作進行《せいさくしんこう》の過程《かてい》で、〝書《か》いて覚《おぼ》える小学生《しょうがくせい》の漢字《かんじ》の本《ほん》〟であるそれと、同時《どうじ》に世《よ》に出《で》て役立《やくだ》ってくれる〝読《よ》んで覚《おぼ》える小学生《しょうがくせい》の漢字《かんじ》の本《ほん》〟ができないだろうかと考《かんが》えました。

そのような私《わたくし》の案《あん》を、採用《さいよう》してもらえたのが、この本《ほん》なのです。１００６の漢字《かんじ》のすべてについて、それぞれ、その漢字《かんじ》を二《ふた》つ以上用《いじょうもち》いて、その漢字《かんじ》を覚《おぼ》えるのに最《もっと》も肝心《かんじん》でふさわしい、二〇字前後《じぜんご》の短文《たんぶん》を、千字文《せんじもん》のように、作《つく》りそろえてみよう、というこの本《ほん》の企画《きかく》が生《う》まれたのでした。

「千《せん》」という数《かず》は、どの辞書《じしょ》にも「数《かず》の多《おお》いこと」とあるように、少《すく》ない数《かず》ではありません。そこで、低学年向《ていがくねんむ》け、高学年向《こうがくねんむ》けの二冊構成《にさつこうせい》として、１００６の漢字《かんじ》を５００と５０６に分《わ》ける結果《けっか》となりました。本書《ほんしょ》は低学年向《ていがくねんむ》けで、５００漢字《かんじ》を収録《しゅうろく》しています。

一人《ひとり》でも二人《ふたり》でも小学生《しょうがくせい》がおいでの、一軒《いっけん》でも多《おお》くのご家庭《かてい》で、本書《ほんしょ》がお母《かあ》さんやお子《こ》さんによって声高《こえたか》く読《よ》まれ、話《はな》し合《あ》われてほしいと、心《こころ》から願《ねが》ってやみません。

藁谷久三《わらがいひさみ》

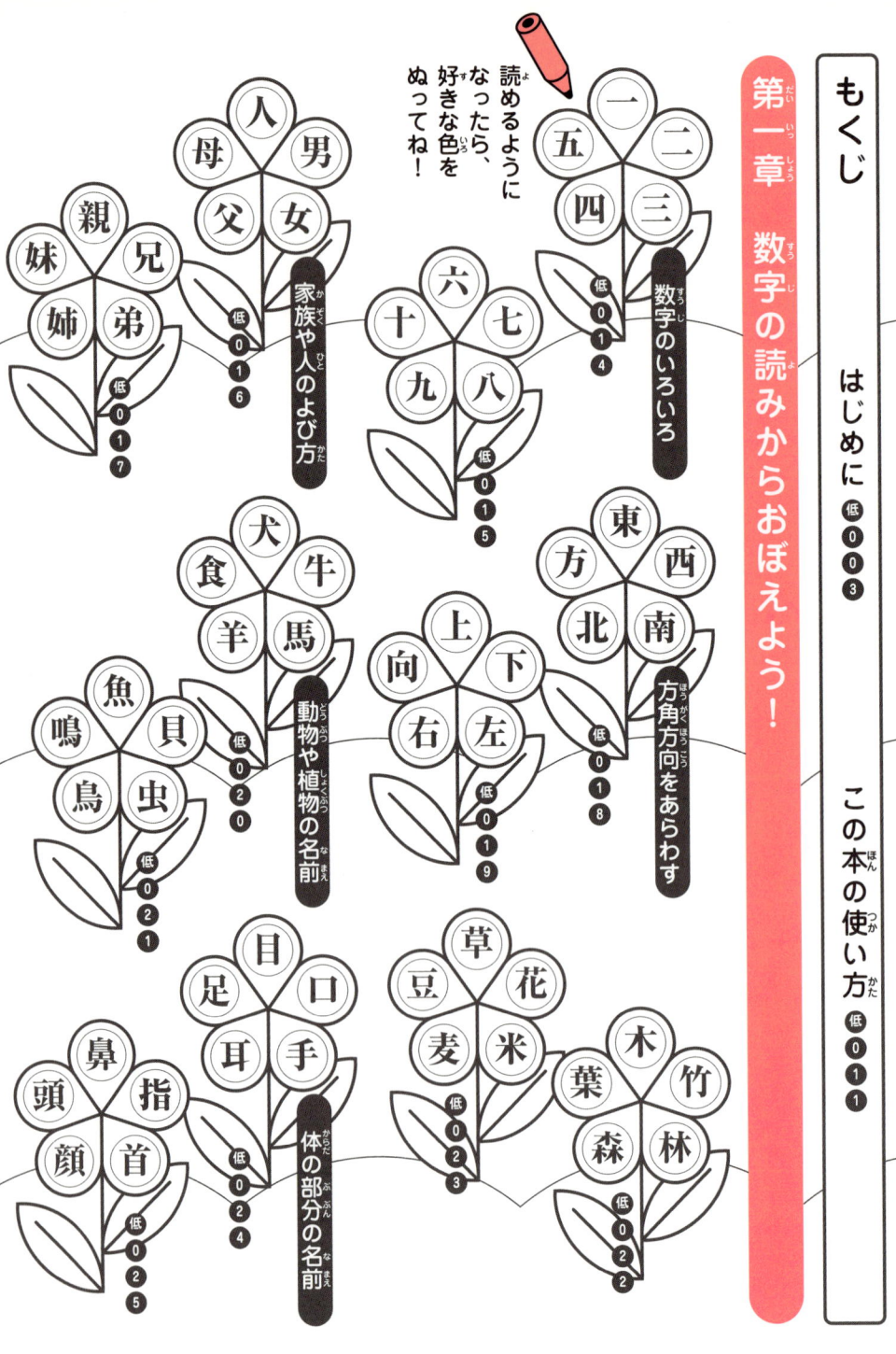

もくじ

読《よ》めるようになったら、好《す》きな色《いろ》をぬってね！

大《おお》きさとかたち

低031
広 少 才 点 弱

低030
何 洋 科 平 太

低029
大 丸 中 角 小

低028
町 万 村 千 百

低027
面 自 皮 毛 歯

低026
血 体 肉 身 心

季《き》節《せつ》と天《てん》気《き》と時《じ》間《かん》

低036
時 夜 朝 夕 昼

低035
天 晴 気 雨 雪

低034
里 冬 春 秋 夏

色《いろ》のいろいろ

低033
黄 色 黒 海 空

低032
白 茶 赤 緑 青

自《し》然《ぜん》のいろいろ

低041
金 地 石 岩 風

低040
日 土 月 水 火

低039
川 岸 湖 島 池

低038
山 野 坂 原 谷

低037
星 波 陽 電 雲

第《だい》二《に》章《しょう》　学《がっ》校《こう》でならうことからおぼえよう！

動《どう》作《さ》をあらわす

低042
童　子　歩　見　聞

低043
物　事　動　知　学

低044
立　出　言　語　想

低045
入　作　考　休　生

住《す》んでいるところ

低048
家　屋　根　庭　園

低049
館　門　戸　店　庫

低050
道　橋　宮　寺　駅

低051
柱　箱　皿　板　品

低052
州　都　県　港　界

低053
昔　世　所　宿　横

学《がっ》校《こう》でならうこと

低054
名　文　本　漢　字

低055
校　正　曲　直　多

低056
楽　教　歌　読　算

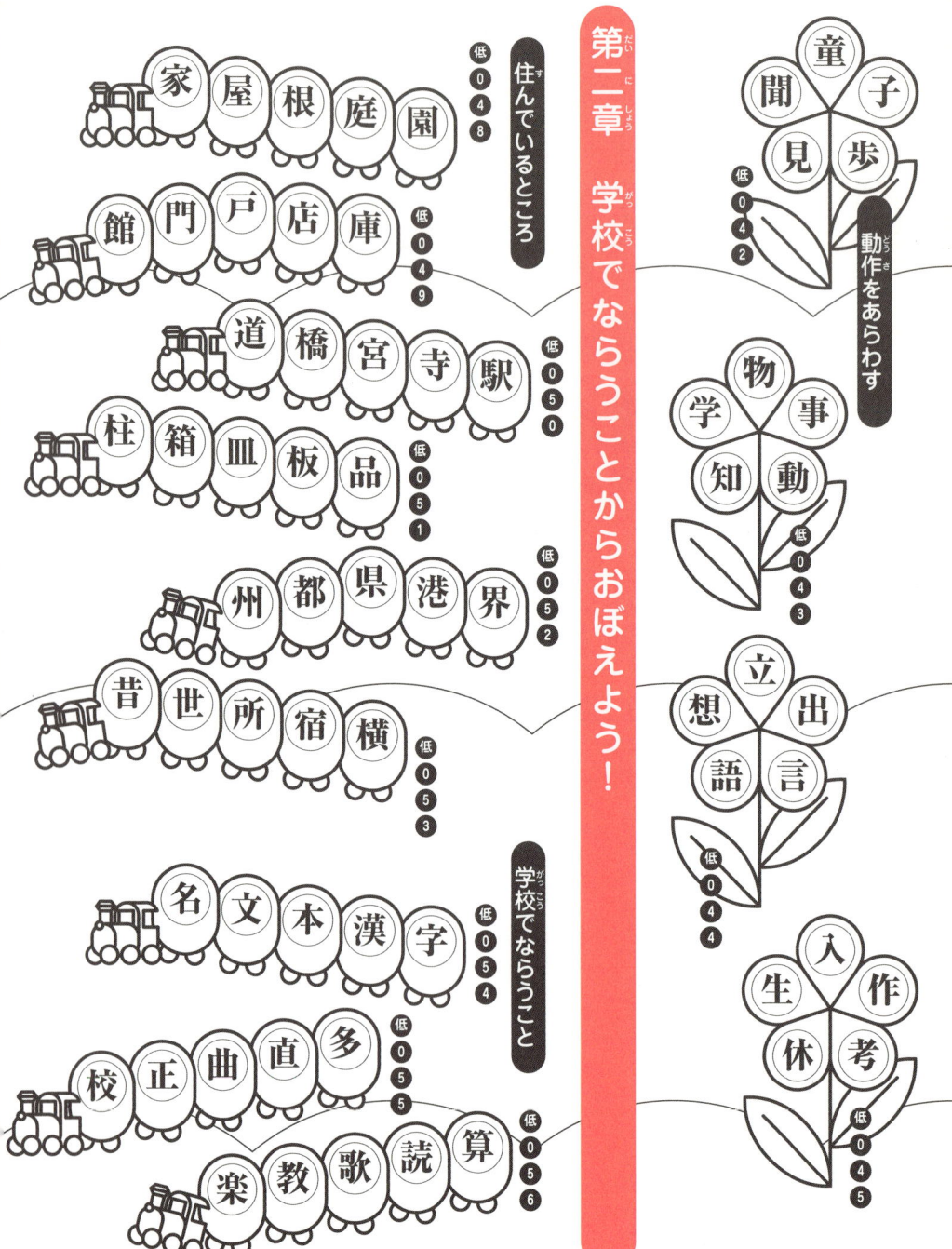

低057
思 調 答 申 談

低058
買 分 工 組 用

低059
古 書 絵 画 売

乗《の》り物《もの》と交通《こうつう》

低060
光 急 行 帰 計

低061
交 通 会 数 回

低062
午 後 汽 船 速

低063
紙 理 細 列 路

低064
転 送 仕 去 写

低065
助 旅 味 使 湯

道具《どうぐ》やものの名前《なまえ》

低066
糸 玉 車 台 笛

低067
弓 矢 羽 長 刀

低068
走 来 切 止 流

スポーツでよく使《つか》う

低069
遊 泳 待 飲 息

低070
受 集 開 代 追

低071
力 登 院 勝 放

低072
球 落 深 浅 度

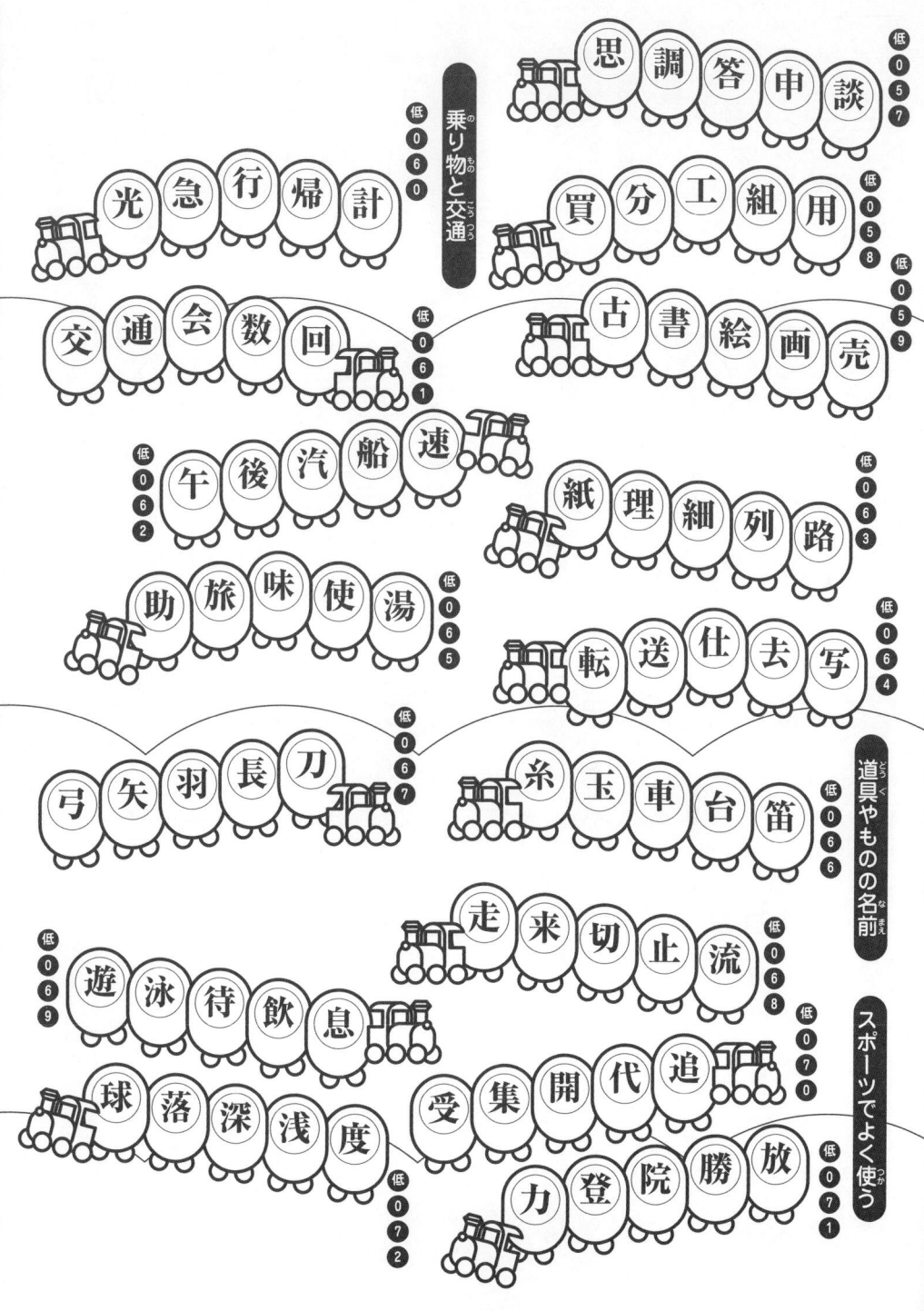

低073
軽役実部階

低074
育練礼習持

低075
起区祭式返

低076
守客神委植

低077
投打主対決

低078
浴結競努照

低079
失殺卒節試

人《ひと》とのつきあい

低080
線毎明活話

低081
真友強高遠

第《だい》三《さん》章《しょう》　身《み》のまわりのものからおぼえよう！

身《み》のまわりのもの

低084
当市発注記

低085
音声運引詩

低086
和室間近図

低087
公社幸福場

低088
表帳氷倍短

低089
第丁号相央

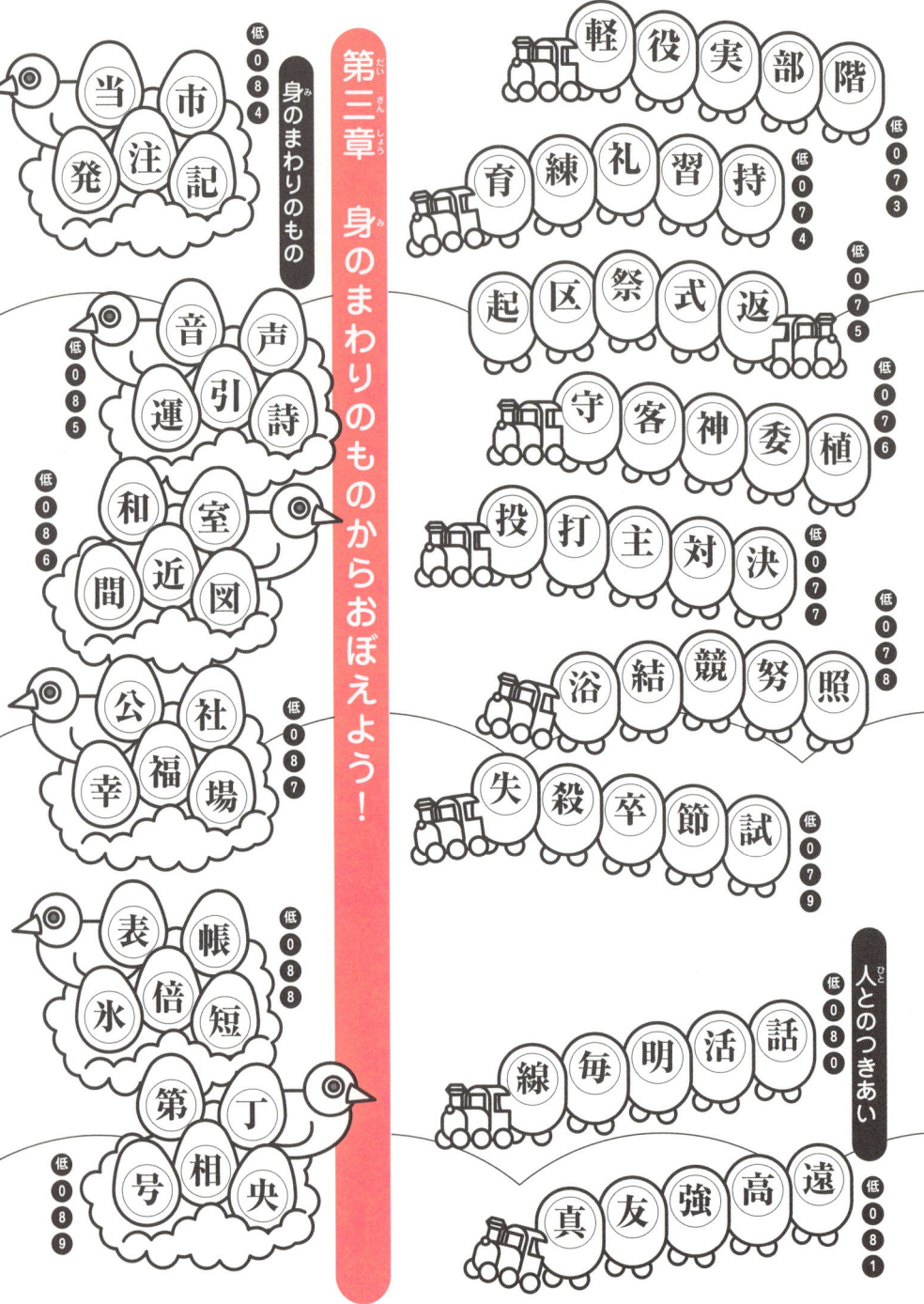

世《よ》の中《なか》のしくみ

低090
農 君 次 筆 畑

低091
炭 酒 寒 両 暑

低092
着 服 定 化 住

低093
等 題 業 研 始

低094
王 国 先 内 年

低095
合 同 田 早 円

低096
新 週 曜 半 今

低097
京 美 前 形 外

低098
係 銀 族 章 者

低099
温 局 由 級 命

低100
関 求 反 全 進

低101
栄 挙 料 量 印

健《けん》康《こう》とくらし

低102
昭 他 油 薬 勉

低103
暗 安 医 死 究

低104
意 配 救 問 具

低105
取 季 員 病 負

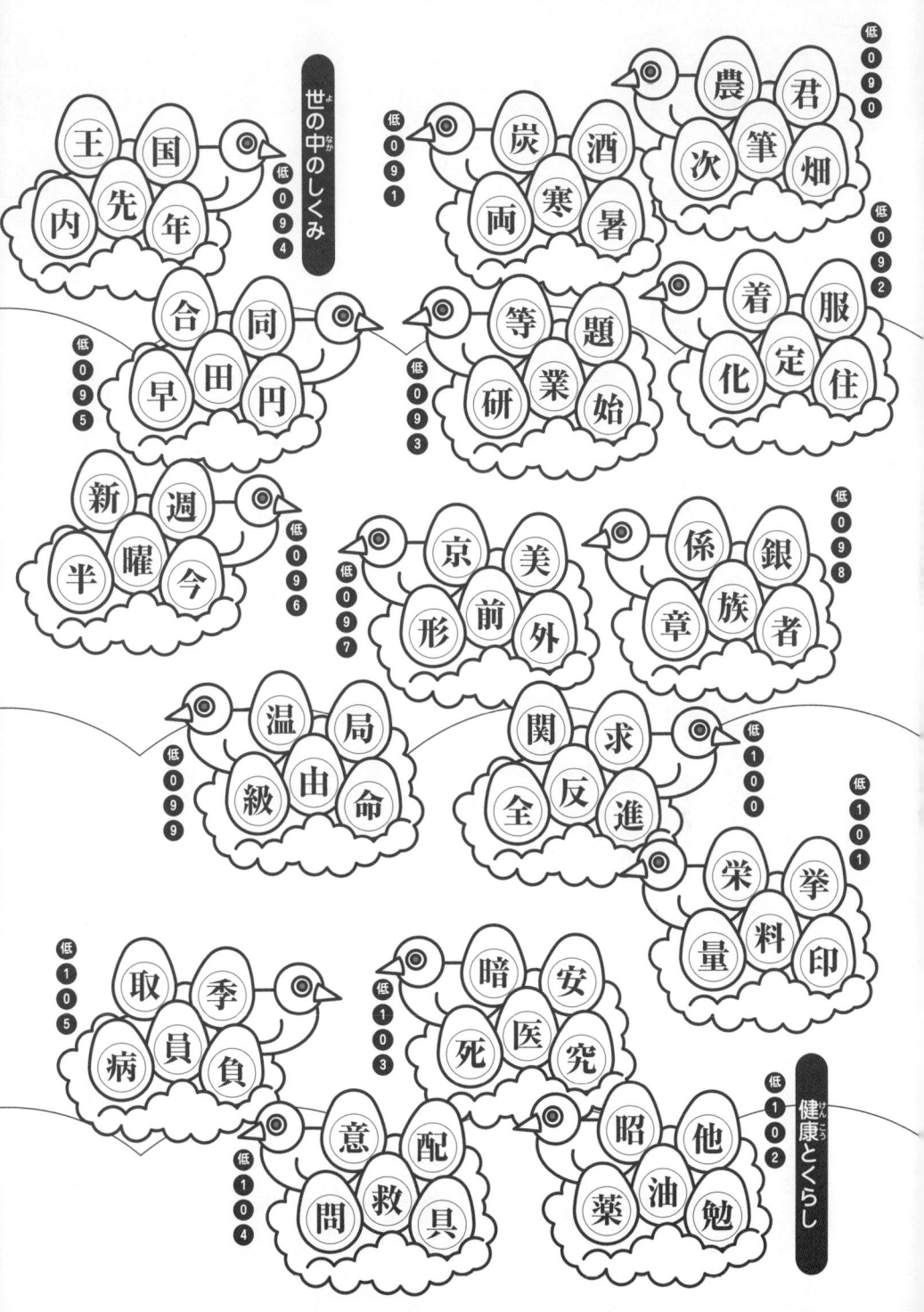

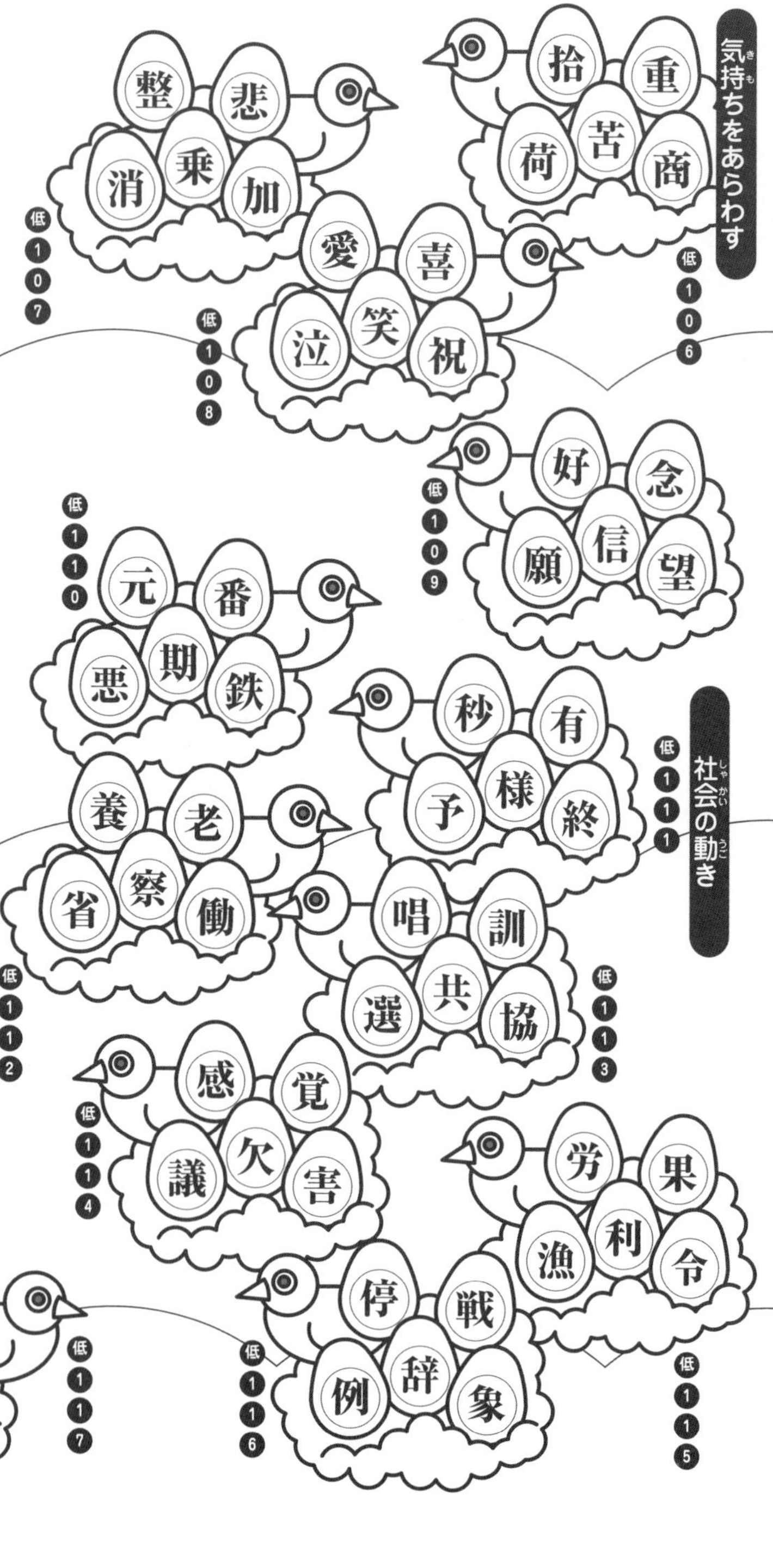
気《き》持《も》ちをあらわす
重 拾 商 苦 荷 低106
悲 整 加 乗 消 低107
喜 愛 祝 笑 泣 低108
念 好 望 信 願 低109
番 元 鉄 期 悪 低110
社会《しゃかい》の動《うご》き
有 秒 終 様 予 低111
老 養 働 察 省 低112
訓 唱 協 共 選 低113
覚 感 害 欠 議 低114
果 労 令 利 漁 低115
戦 停 象 辞 例 低116

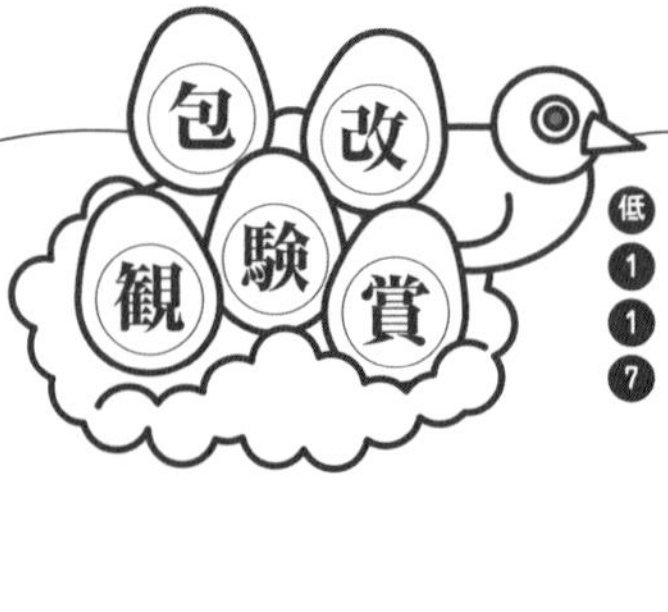
改 包 賞 験 観 低117

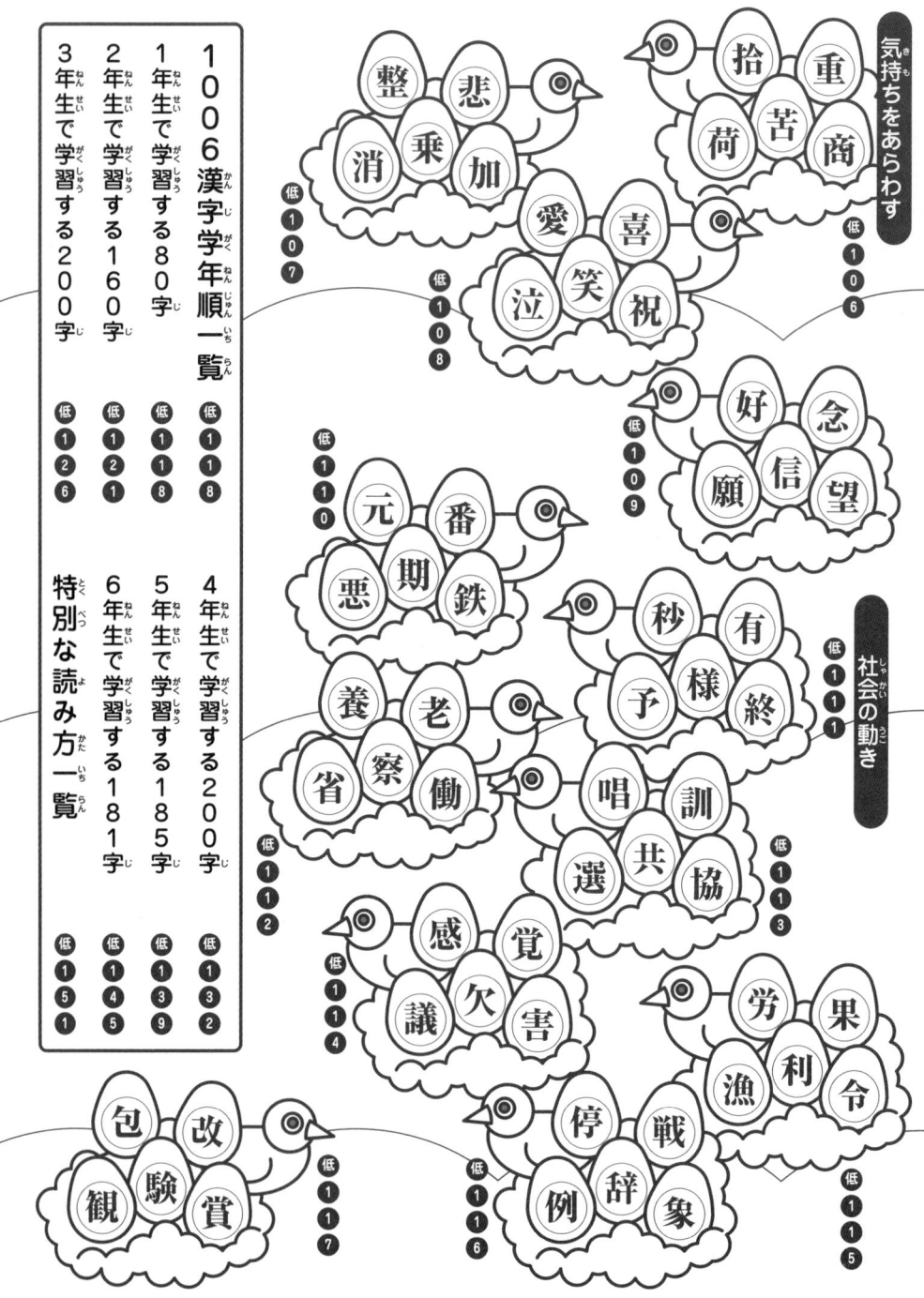

この本《ほん》の使《つか》い方《かた》

小学校《しょうがっこう》で習《なら》う漢字《かんじ》は、全部《ぜんぶ》で１００６字《じ》です。１年生《ねんせい》８０字《じ》、２年生《ねんせい》１６０字《じ》、３年生《ねんせい》２００字《じ》、４年生《ねんせい》２００字《じ》、５年生《ねんせい》１８５字《じ》、６年生《ねんせい》１８１字《じ》です。

この本《ほん》では、そのうち低学年《ていがくねん》で習《なら》う５００字《じ》の漢字《かんじ》を集《あつ》めてあります。

漢字《かんじ》にはいろいろな読《よ》み方《かた》・使《つか》い方《かた》があります。本書《ほんしょ》は、一《ひと》つの漢字《かんじ》の異《こと》なった読《よ》み方《かた》・使《つか》い方《かた》を用《もち》いた1行《ぎょう》の例文《れいぶん》を作《つく》り、それを読《よ》むことで、漢字《かんじ》のいろいろな読《よ》みをおぼえ、漢字力《かんじりょく》を高《たか》めようとするものです。見出《みだ》しの漢字《かんじ》は、例文中《れいぶんちゅう》●で囲《かこ》んであります。

例文《れいぶん》は、数字《すうじ》のいろいろ、家族《かぞく》や人《ひと》のよび方《かた》、動物《どうぶつ》や植物《しょくぶつ》の名前《なまえ》、色《いろ》のいろいろなどと、テーマごとにまとめてあるので、その漢字《かんじ》だけではなく、関連《かんれん》のある漢字《かんじ》も一緒《いっしょ》におぼえることができます。また、例文《れいぶん》にないことばの例《れい》も載《の》せてありますので、漢字《かんじ》の力《ちから》がぐんとつきます。

巻末《かんまつ》に、1年生《ねんせい》から6年生《ねんせい》で学習《がくしゅう》する漢字《かんじ》を50音順《おんじゅん》の表《ひょう》にした「1006漢字学年順一覧《かんじがくねんじゅんいちらん》」「特別《とくべつ》な読《よ》み方一覧《かたいちらん》」を掲載《けいさい》してあります。

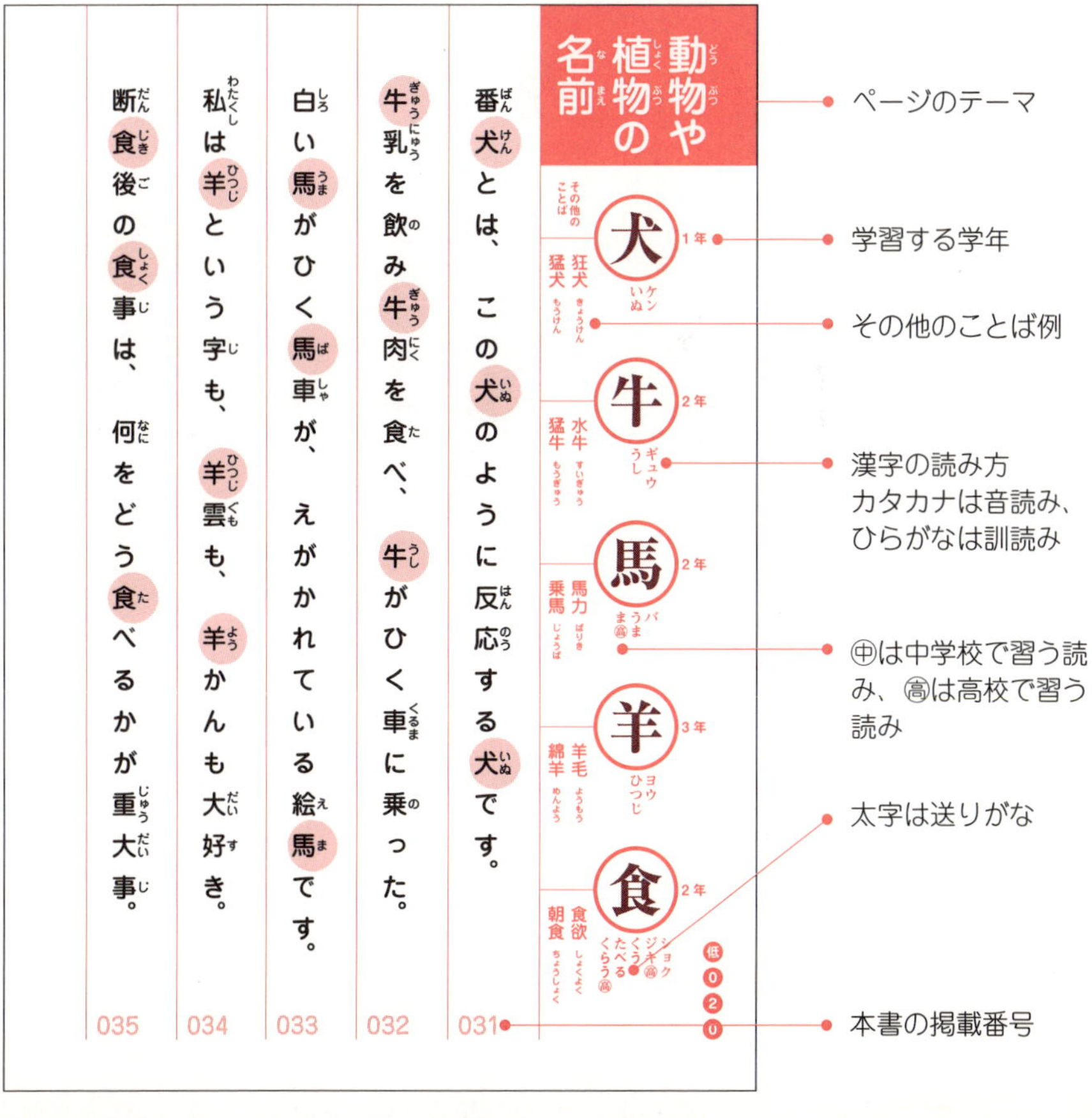

第《だい》一《いっ》章《しょう》

数《すう》字《じ》の読《よ》みからおぼえよう！

四《し》月《がつ》四《よっ》日《か》、
四《よ》つ葉《ば》のクロー
バーを見《み》つけた。

七《しち》月《がつ》七《なの》日《か》、
七《なな》冊《さつ》めを読《よ》み
終《お》えました。

八《はち》月《がつ》八《よう》日《か》朝《あさ》、
八《や》つ指《ゆび》の八《や》つ手《で》の
葉《は》が落《お》ちた。

数字《すうじ》のいろいろ

一 1年
イチ　イツ　ひと　ひとつ
その他のことば：第一《だいいち》　一家《いっか》

二 1年
ニ　ふた　ふたつ
二番《にばん》　無二《むに》

三 1年
サン　み　みつ　みっつ
三角《さんかく》　再三《さいさん》

四 1年
シ　よ　よつ　よっつ　よん
四季《しき》　四辺《しへん》

五 1年
ゴ　いつ　いつつ
五感《ごかん》　五色《ごしょく》

一《いち》日《にち》一《いっ》種《しゅ》類《るい》、一《ひと》つのくだものは口《くち》にしたい。
001

今《こん》度《ど》の二《に》十《じゅう》二《に》日《にち》、二《ふた》つの新《あたら》しい事《こと》を始《はじ》めます。
002

三《さん》月《がつ》三《みっ》日《か》、三《み》つ葉《ば》のおすましを味《あじ》わった。
003

四《し》月《がつ》四《よっ》日《か》、四《よ》つ葉《ば》のクローバーを見《み》つけた。
004

あすは五《ご》月《がつ》五《いつ》日《か》、五《ご》人《にん》の男《おとこ》の子《こ》が集《あつ》まる。
005

006 めざす六《むっ》つめが、六《ろく》月《がつ》六《むい》日《か》にできあがった。

007 七《しち》月《がつ》七《なの》日《か》、七《なな》冊《さつ》めを読《よ》み終《お》えました。

008 八《はち》月《がつ》八《よう》日《か》朝《あさ》、八《や》つ指《ゆび》の八《や》つ手《で》の葉《は》が落《お》ちた。

009 九《く》月《がつ》九《ここの》日《か》、九《きゅう》死《し》に一《いっ》生《しょう》を得《え》たと言《い》ってます。

010 十《じゅう》月《がつ》十《とお》日《か》、十《じっ》回《かい》めをついにし終《お》えました。

その他のことば

六 1年
ロク　む　むっつ　むい
六道《ろくどう》　六法《ろっぽう》

七 1年
シチ　なな　ななつ　なの
七生《しちせい》　七曜《しちよう》

八 1年
ハチ　や　やっつ　よう
八面《はちめん》　八景《はっけい》

九 1年
キュウ　ク　ここの　ここのつ
九拝《きゅうはい》　九度《くど》

十 1年
ジュウ　ジッ　とお　と
十全《じゅうぜん》　十手《じって》

家《か》族《ぞく》や人《ひと》のよび方《かた》

その他のことば

人 1年
ジン　ニン　ひと
人間《にんげん》　美人《びじん》

男 1年
ダン　ナン　おとこ
男性《だんせい》　美男《びなん》

女 1年
ジョ　ニョ㊥　ニョウ㊢　おんな　め㊥
女性《じょせい》　少女《しょうじょ》

父 2年
フ　ちち
父親《ちちおや》　義父《ぎふ》

母 2年
ボ　はは
母国《ぼこく》　保母《ほぼ》

人《じん》口《こう》何《なん》人《にん》というのは、そこに住《す》む人《ひと》の数《かず》です。
011

男《だん》子《し》三《さん》人《にん》のうち、長《ちょう》男《なん》と三《さん》男《なん》が家《いえ》にいます。
012

長《ちょう》女《じょ》は天《てん》女《にょ》のように、ゆめみる女《おんな》でした。
013

父《ふ》母《ぼ》そろって元《げん》気《き》、祖《そ》父《ふ》も祖《そ》母《ぼ》も元《げん》気《き》です。
014

母《はは》の日《ひ》、母《はは》は母《ぼ》校《こう》での父《ふ》母《ぼ》会《かい》に出《しゅっ》席《せき》した。
015

016 親《しん》切《せつ》な母《はは》親《おや》は、だれとでも親《した》しくなれました。

017 長《ちょう》兄《けい》は兄《きょう》弟《だい》のなかで、一《いち》番《ばん》上《うえ》の兄《あに》です。

018 弟《おとうと》は私《わたくし》の子《し》弟《てい》で弟《で》子《し》で、兄《きょう》弟《だい》でもあります。

019 なかよし姉《し》妹《まい》の、姉《あね》らしいのが姉《あね》かしら。

020 姉《し》妹《まい》なのに、妹《いもうと》が妹《いもうと》らしく見《み》えません。

その他のことば

2年 **親**
シン
おや
したしい
したしむ
近親《きんしん》
肉親《にくしん》

2年 **兄**
キョウ
ケイ㊥
あに
次兄《じけい》
父兄《ふけい》

2年 **弟**
ダイ
テイ㊥
デ㊥
おとうと
門弟《もんてい》
末弟《まってい》

2年 **姉**
シ㊥
あね
姉上《あねうえ》
長姉《ちょうし》

2年 **妹**
マイ㊥
いもうと
弟妹《ていまい》
義妹《ぎまい》

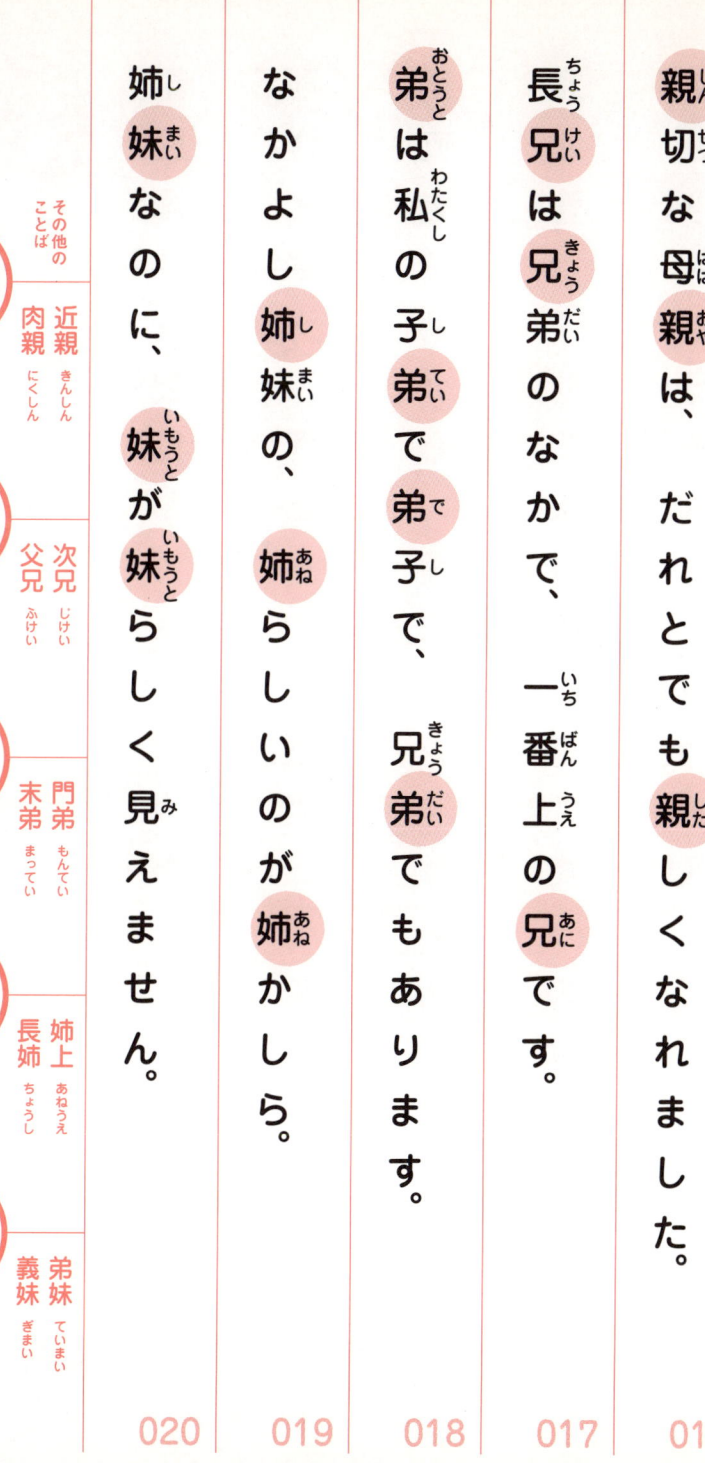

方《ほう》角《がく》　方《ほう》向《こう》をあらわす

東 2年
トウ　ひがし
その他のことば
東方《とうほう》
関東《かんとう》

西 2年
セイ　サイ　にし
西部《せいぶ》
関西《かんさい》

南 2年
ナン　ナ(高)　みなみ
南方《なんぽう》
指南《しなん》

北 2年
ホク　きた
北東《ほくとう》
北方《ほっぽう》

方 2年
ホウ　かた
方法《ほうほう》
地方《ちほう》

東《とう》西《ざい》南《なん》北《ぼく》を見《み》回《まわ》しても、東《ひがし》が東《ひがし》と思《おも》えない。
021

西《せい》洋《よう》と東《とう》洋《よう》、西《にし》と東《ひがし》、東《とう》西《ざい》が一《ひと》つになれ。
022

南《みなみ》向《む》きの窓《まど》から、南《なん》天《てん》の南《みなみ》十《じゅう》字《じ》星《せい》が見《み》えた。
023

北《ほく》北《ほく》西《せい》は、北《ほく》西《せい》より少《すこ》し真《ま》北《きた》寄《よ》りのはずです。
024

海《うみ》の方《ほう》への行《い》き方《かた》と、方《ほう》角《がく》を教《おし》えてください。
025

026 上《じょう》下《げ》左《さ》右《ゆう》に気《き》を配《くば》り、屋《や》根《ね》の上《うえ》を見《み》上《あ》げた。

027 下《か》流《りゅう》に流《なが》れこむ下《げ》水《すい》を見《み》に、川《かわ》下《しも》へ下《くだ》った。

028 左《さ》右《ゆう》を見《み》てから、左《ひだり》手《て》を上《あ》げて道《どう》路《ろ》を左《さ》折《せつ》した。

029 右《みぎ》目《め》で右《みぎ》を、左《ひだり》目《め》で左《ひだり》を見《み》ながら右《う》折《せつ》せよ。

030 上《うえ》へ向《む》かう、向《こう》上《じょう》心《しん》ある顔《かお》を、私《わたくし》に向《む》けた。

その他のことば

1年 **上**
ジョウ
ショウ(高)
うえ・うわ
かみ
あげる
のぼる
上人　しょうにん
地上　ちじょう

1年 **下**
カ
ゲ
した・しも
さげる
おりる
くだる
下車　げしゃ
沈下　ちんか

1年 **左**
サ
ひだり
左翼　さよく
左足　ひだりあし

1年 **右**
ウ
ユウ
みぎ
右翼　うよく
座右　ざゆう

3年 **向**
コウ
むく
むかう
むこう
傾向　けいこう
風向　ふうこう

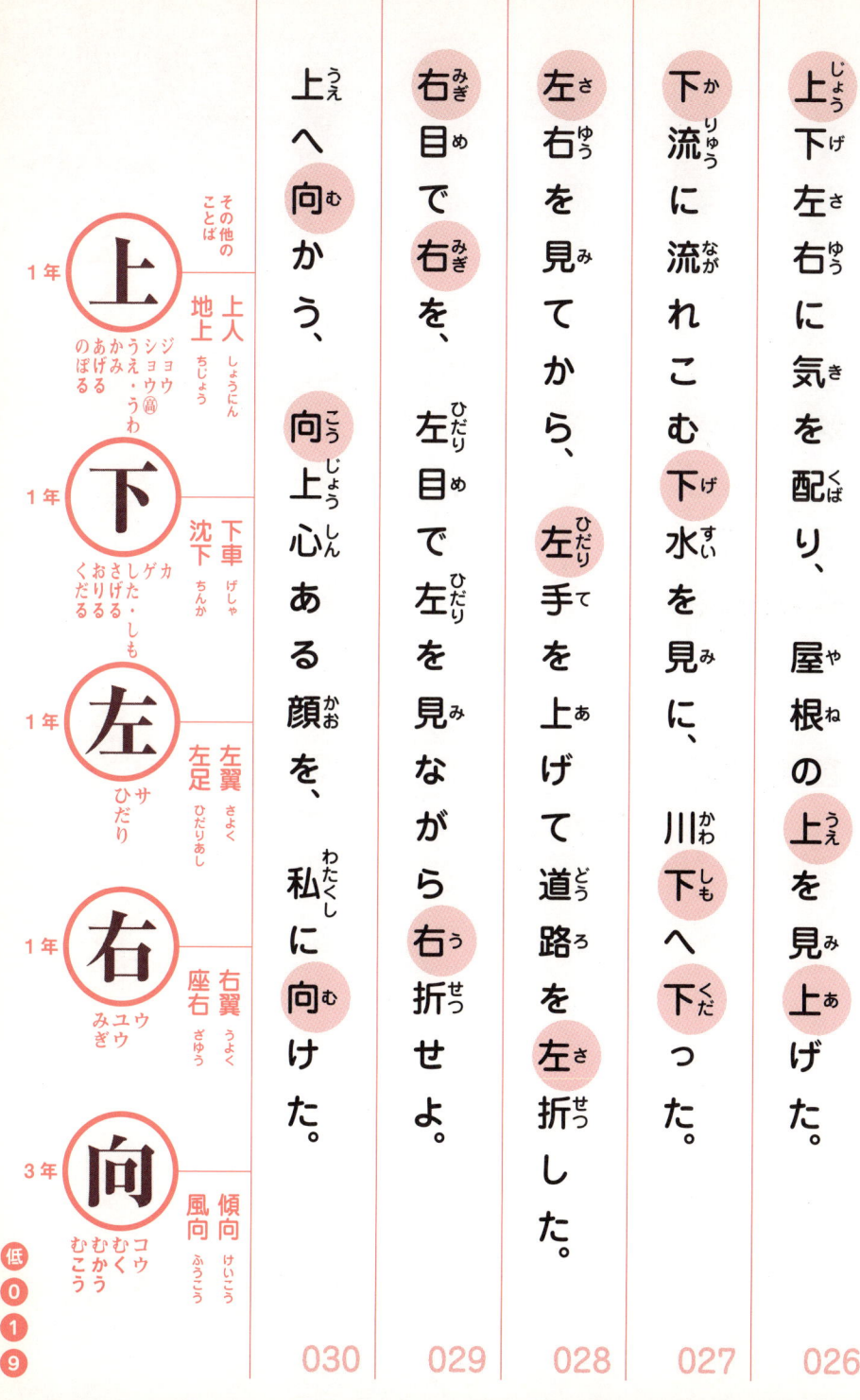

動《どう》物《ぶつ》や植《しょく》物《ぶつ》の名《な》前《まえ》

その他のことば

犬 1年　ケン　いぬ
狂犬《きょうけん》　猛犬《もうけん》

牛 2年　ギュウ　うし
水牛《すいぎゅう》　猛牛《もうぎゅう》

馬 2年　バ　うま　ま㊢
馬力《ばりき》　乗馬《じょうば》

羊 3年　ヨウ　ひつじ
羊毛《ようもう》　綿羊《めんよう》

食 2年　ショク　ジキ㊢　くう　たべる　くらう㊢
食欲《しょくよく》　朝食《ちょうしょく》

031 番《ばん》犬《けん》とは、この犬《いぬ》のように反《はん》応《のう》する犬《いぬ》です。

032 牛《ぎゅう》乳《にゅう》を飲《の》み牛《ぎゅう》肉《にく》を食《た》べ、牛《うし》がひく車《くるま》に乗《の》った。

033 白《しろ》い馬《うま》がひく馬《ば》車《しゃ》が、えがかれている絵《え》馬《ま》です。

034 私《わたくし》は羊《ひつじ》という字《じ》も、羊《ひつじ》雲《ぐも》も、羊《よう》かんも大《だい》好《す》き。

035 断《だん》食《じき》後《ご》の食《しょく》事《じ》は、何《なに》をどう食《た》べるかが重《じゅう》大《だい》事《じ》。

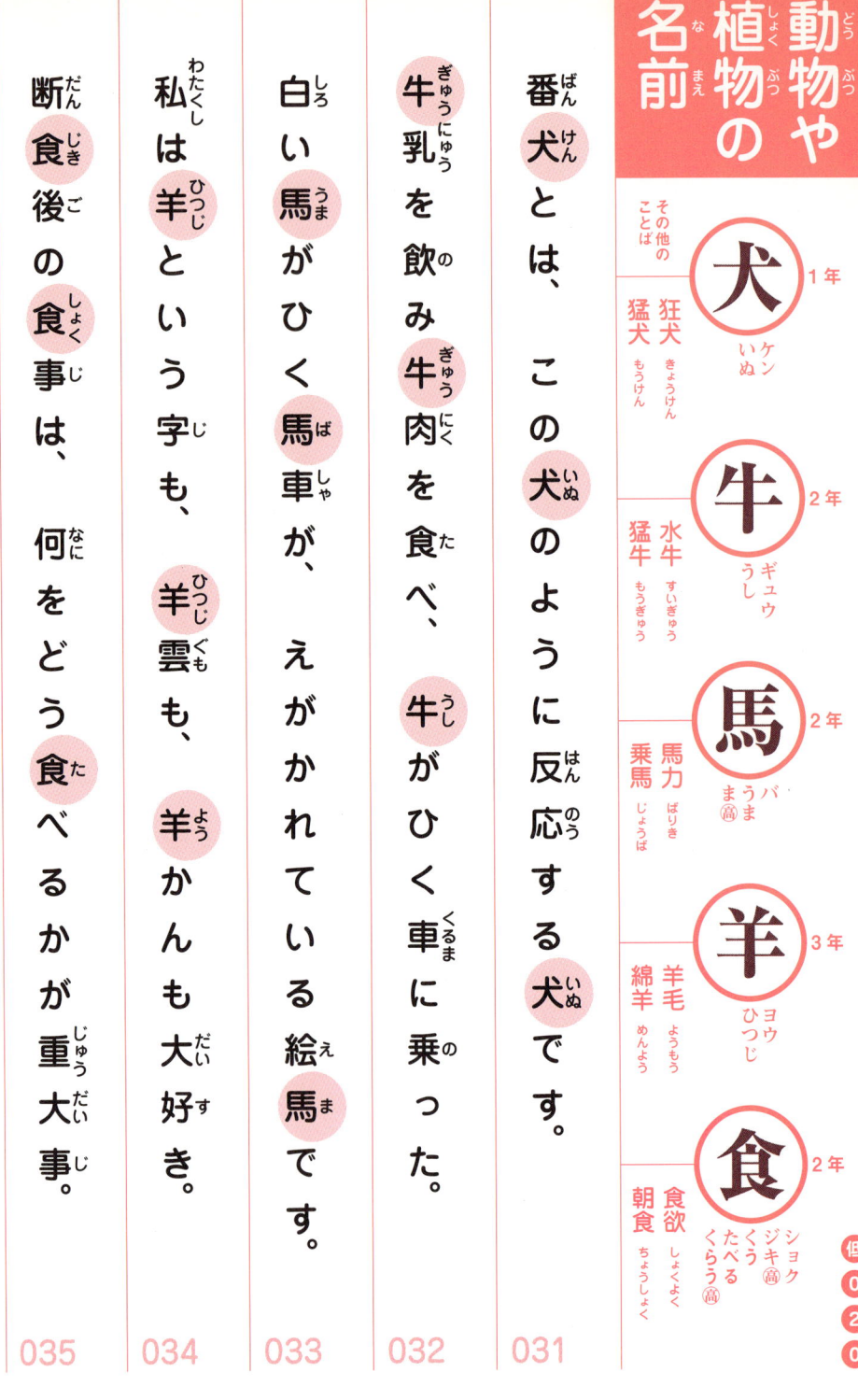

036 人《にん》魚《ぎょ》は魚《さかな》ではないので、魚《うお》市《いち》場《ば》にはいない。

037 貝《かい》づかには、二《に》枚《まい》貝《がい》の貝《かい》ががらがいっぱい。

038 虫《むし》ばこのこん虫《ちゅう》が、秋《あき》の虫《むし》らしく鳴《な》いている。

039 白《はく》鳥《ちょう》は、とても大《おお》きい鳥《とり》だが、渡《わた》り鳥《どり》です。

040 悲《ひ》鳴《めい》のように犬《いぬ》が鳴《な》き、鐘《かね》が鳴《な》りだした。

学年	漢字	読み	その他のことば
2年	魚	ギョ　うお　さかな	金魚《きんぎょ》　鮮魚《せんぎょ》
1年	貝	かい	貝柱《かいばしら》　宝貝《たからがい》
1年	虫	チュウ　むし	虫類《ちゅうるい》　害虫《がいちゅう》
2年	鳥	チョウ　とり	鳥類《ちょうるい》　野鳥《やちょう》
2年	鳴	メイ　なる　なく　ならす	鳴動《めいどう》　共鳴《きょうめい》

木 1年
ボク
モク
き
こ

竹 1年
チク
たけ

林 1年
リン
はやし

森 1年
シン
もり

葉 3年
ヨウ
は

その他のことば

木刀《ぼくとう》
樹木《じゅもく》

松竹梅《しょうちくばい》
破竹《はちく》

林間《りんかん》
山林《さんりん》

森林浴《しんりんよく》
森厳《しんげん》

黄葉《こうよう》
落葉《らくよう》

041 大《たい》木《ぼく》の木《もく》目《め》を、木《き》こりが数《かぞ》えていた。

042 竹《ちく》馬《ば》の友《とも》の彼《かれ》とは、竹《ちく》林《りん》で竹《たけ》馬《うま》も作《つく》った。

043 林《りん》立《りつ》する大《たい》樹《じゅ》の密《みつ》林《りん》に、ゴムの木《き》の林《はやし》がある。

044 森《しん》かんとした大《だい》森《しん》林《りん》の奥《おく》にある、森《もり》の中《なか》のお宮《みや》。

045 紅《こう》葉《よう》した葉《は》が、落《お》ち葉《ば》となって道《みち》を染《そ》めている。

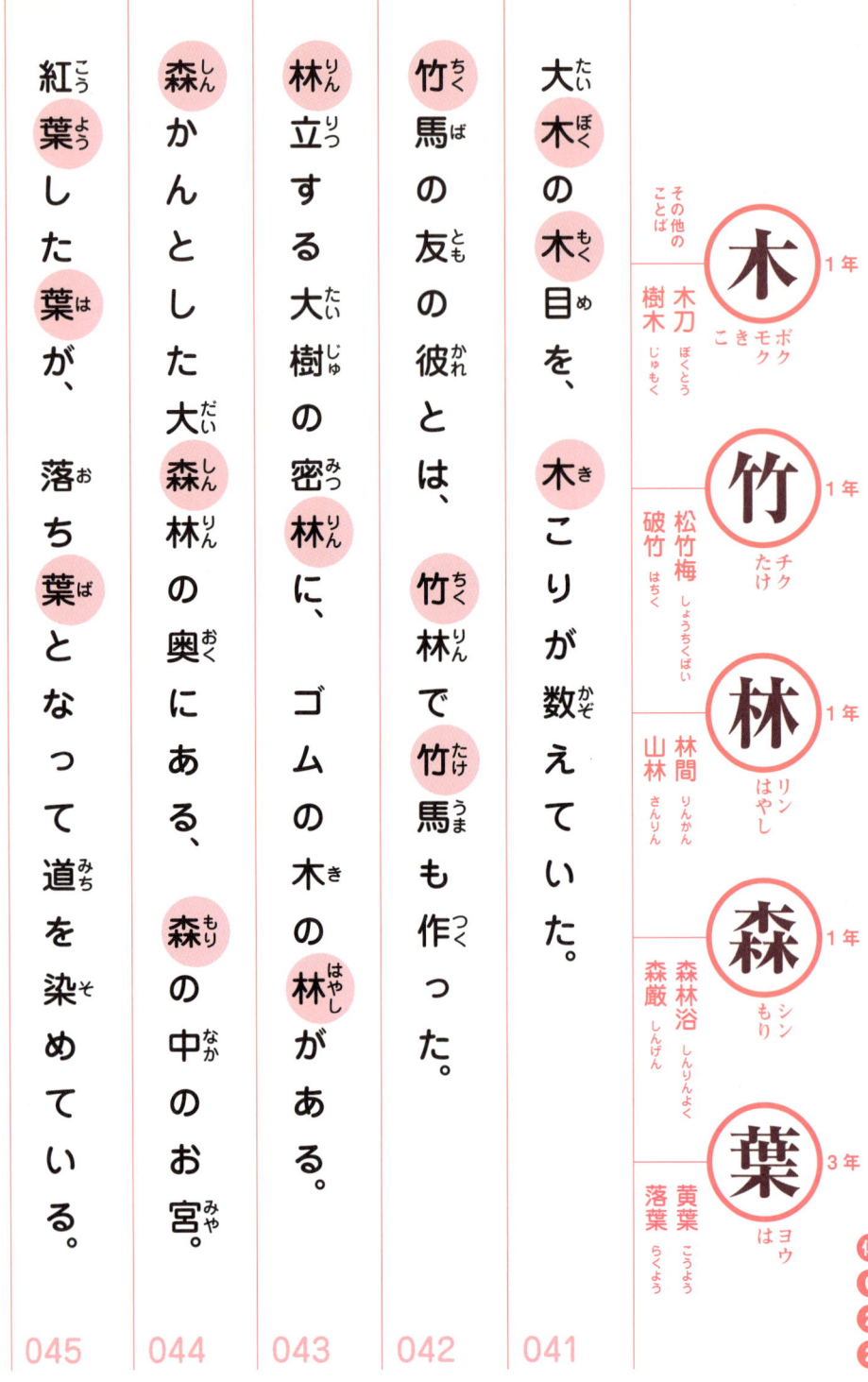

046 雑《ざっ》草《そう》も海《かい》草《そう》も、　干《ほ》して枯《か》れ草《くさ》とし、　保《ほ》存《ぞん》された。

047 水《すい》中《ちゅう》花《か》も造《ぞう》花《か》、　造《ぞう》花《か》も花《はな》のうちだろうか。

048 米《べい》国《こく》からの輸《ゆ》入《にゅう》米《まい》だが、　かなり良《よ》い米《こめ》です。

049 麦《ばく》秋《しゅう》は麦《むぎ》の熟《じゅく》するころ。　麦《ばく》風《ふう》は初《しょ》夏《か》の風《かぜ》。

050 豆《とう》乳《にゅう》も、豆《とう》ふも、　なっ豆《とう》も、　大《だい》豆《ず》から作《つく》られる。

その他のことば

1年 **草** ソウ くさ
草原《そうげん》　野草《やそう》

1年 **花** カ はな
落花《らっか》　開花《かいか》

2年 **米** ベイ マイ こめ
米飯《べいはん》　新米《しんまい》

2年 **麦** バク㊥ むぎ
麦芽《ばくが》　小麦《こむぎ》

3年 **豆** トウ ズ まめ
豆電球《まめでんきゅう》　枝豆《えだまめ》

体《からだ》の部分《ぶぶん》の名前《なまえ》

その他のことば

目 1年
モク　ボク㊥　め　ま㊫
眼目《がんもく》　面目《めんもく》

口 1年
コウ　ク　くち
口実《こうじつ》　河口《かこう》

手 1年
シュ　て　た㊥
手話《しゅわ》　名手《めいしゅ》

耳 1年
ジ㊥　みみ
耳目《じもく》　内耳《ないじ》

足 1年
ソク　あし　たりる　たる　たす
土足《どそく》　満足《まんぞく》

051 目《もく》標《ひょう》に目《め》をこらす姿《すがた》を、目《ま》のあたりに見《み》た。

052 悪《わる》口《ぐち》を口《くち》にするのにしては、口《く》調《ちょう》が良《よ》かった。

053 選《せん》手《しゅ》らはみな、手《た》づなをとる手《て》まねをした。

054 耳《じ》鼻《び》科《か》医《い》に、中《ちゅう》耳《じ》えんの耳《みみ》をみてもらった。

055 遠《えん》足《そく》で足《あし》は痛《いた》んだが、靴《くつ》は一《いっ》足《そく》で足《た》りた。

056 鼻《び》えんの鼻《はな》から、鼻《はな》血《ぢ》が出《で》て弱《よわ》りました。

057 食《しょく》指《し》が動《うご》き、人《ひと》指《さ》し指《ゆび》で注《ちゅう》文《もん》を指《し》示《じ》した。

058 首《しゅ》都《と》の首《しゅ》長《ちょう》になろうと、首《くび》を伸《の》ばしている人《ひと》。

059 顔《がん》面《めん》傷《きず》だらけになった顔《かお》役《やく》が、顔《かお》を洗《あら》った。

060 頭《とう》目《もく》が、珍《めずら》しく頭《ず》痛《つう》をうったえ、頭《あたま》をかいた。

その他のことば

3年 **鼻** ビ㊥ はな
鼻水《はなみず》
耳鼻《じび》

3年 **指** シ ゆび さす
指名《しめい》
指摘《してき》

2年 **首** シュ くび
首都《しゅと》
元首《げんしゅ》

2年 **顔** ガン かお
顔色《かおいろ》
洗顔《せんがん》

2年 **頭** トウ ズ あたま かしら㊥
頭上《ずじょう》
先頭《せんとう》

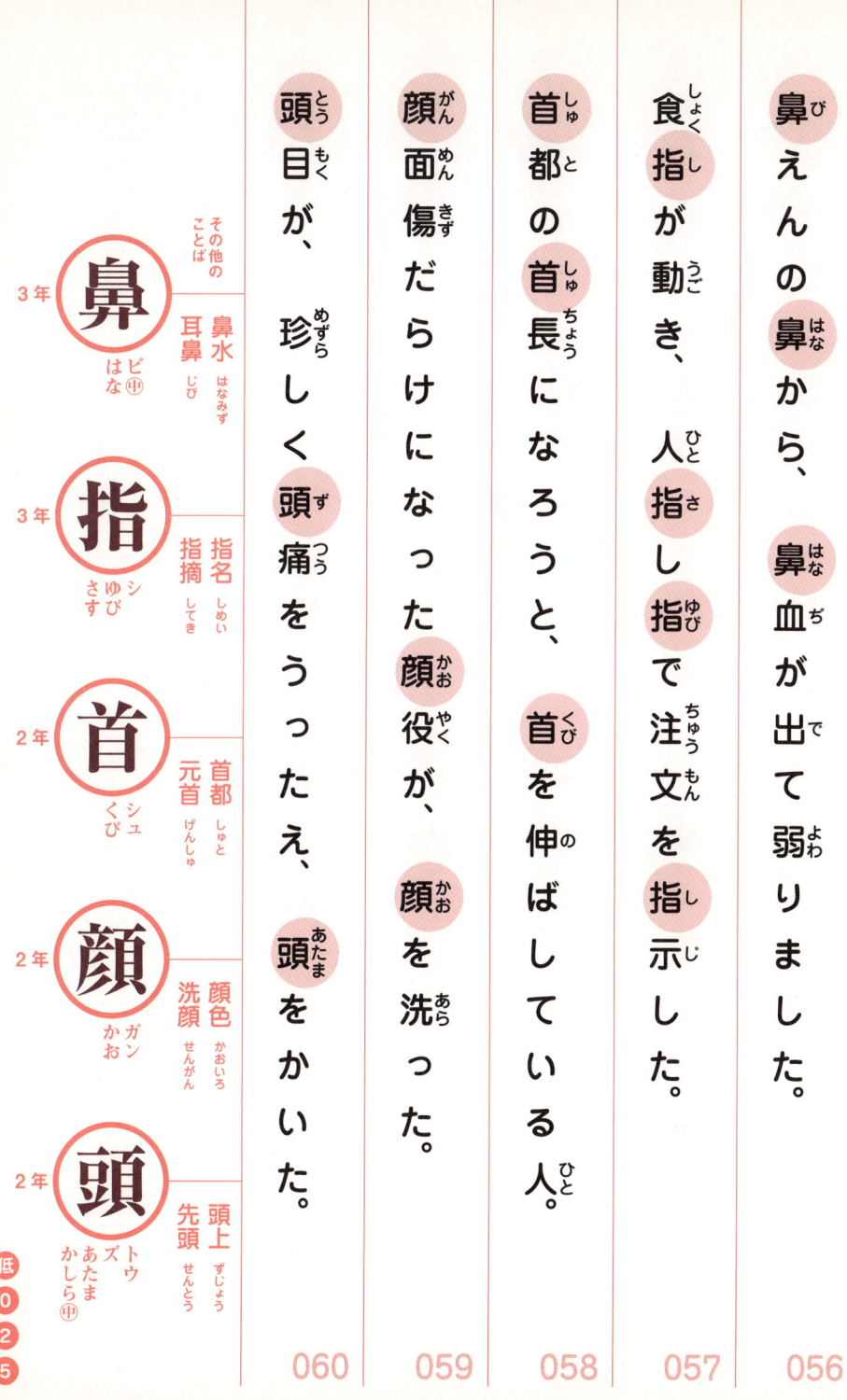

血 3年
ケツ
ち
血管《けっかん》
出血《しゅっけつ》

肉 2年
ニク
肉体《にくたい》
魚肉《ぎょにく》

心 2年
シン
こころ
心配《しんぱい》
安心《あんしん》

身 3年
シン
み
身体《しんたい》
自身《じしん》

体 2年
タイ
テイ㊥
からだ
体温《たいおん》
人体《じんたい》

その他のことば

061 血《けっ》気《き》さかんな熱《ねっ》血《けつ》児《じ》が、血《ち》眼《まなこ》になっている。

062 店《てん》頭《とう》に、牛《ぎゅう》肉《にく》と豚《ぶた》肉《にく》と鳥《とり》肉《にく》が並《なら》んでいる。

063 真《ま》心《ごころ》から熱《ねっ》心《しん》に、人《じん》心《しん》をつかもうと努《ど》力《りょく》した。

064 身《み》も心《こころ》も疲《つか》れ果《は》て、長《ちょう》身《しん》の全《ぜん》身《しん》を横《よこ》たえている。

065 体《からだ》全《ぜん》体《たい》の体《てい》裁《さい》はわかったが、まだ正《しょう》体《たい》不《ふ》明《めい》です。

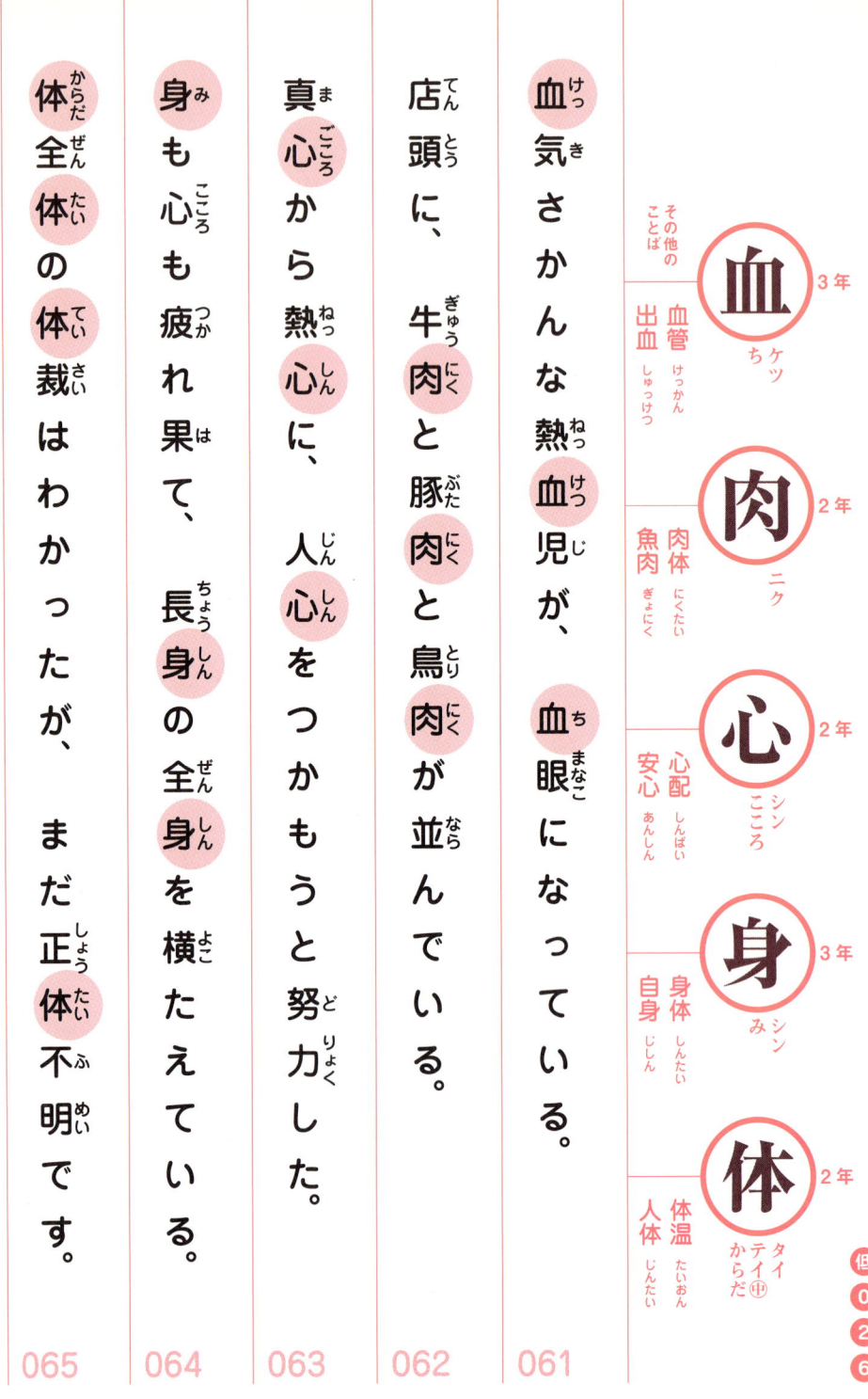

066 対《たい》面《めん》して呼《よ》びかけると、面《おもて》を上《あ》げるのが面《おも》白《しろ》い。

067 動《どう》物《ぶつ》の皮《かわ》をなめした、皮《ひ》革《かく》で作《つく》った皮《かわ》製《せい》品《ひん》です。

068 ひどい虫《むし》歯《ば》が抜《ばっ》歯《し》され、義《ぎ》歯《し》にかえられた。

069 この羊《よう》毛《もう》の毛《け》糸《いと》が、上《じょう》等《とう》の毛《もう》布《ふ》になる。

070 自《じ》分《ぶん》自《じ》身《しん》で自《し》然《ぜん》と、自《みずか》ら解《かい》決《けつ》する気《き》になった。

その他のことば

3年 面　メン　おも㊥　おもて㊥　つら㊫
面談《めんだん》　地面《じめん》

3年 皮　ヒ　かわ
皮肉《ひにく》　外皮《がいひ》

3年 歯　シ　は
犬歯《けんし》　乳歯《にゅうし》

2年 毛　モウ　け
毛筆《もうひつ》　羽毛《うもう》

2年 自　ジ　シ　みずから
自由《じゆう》　自動《じどう》

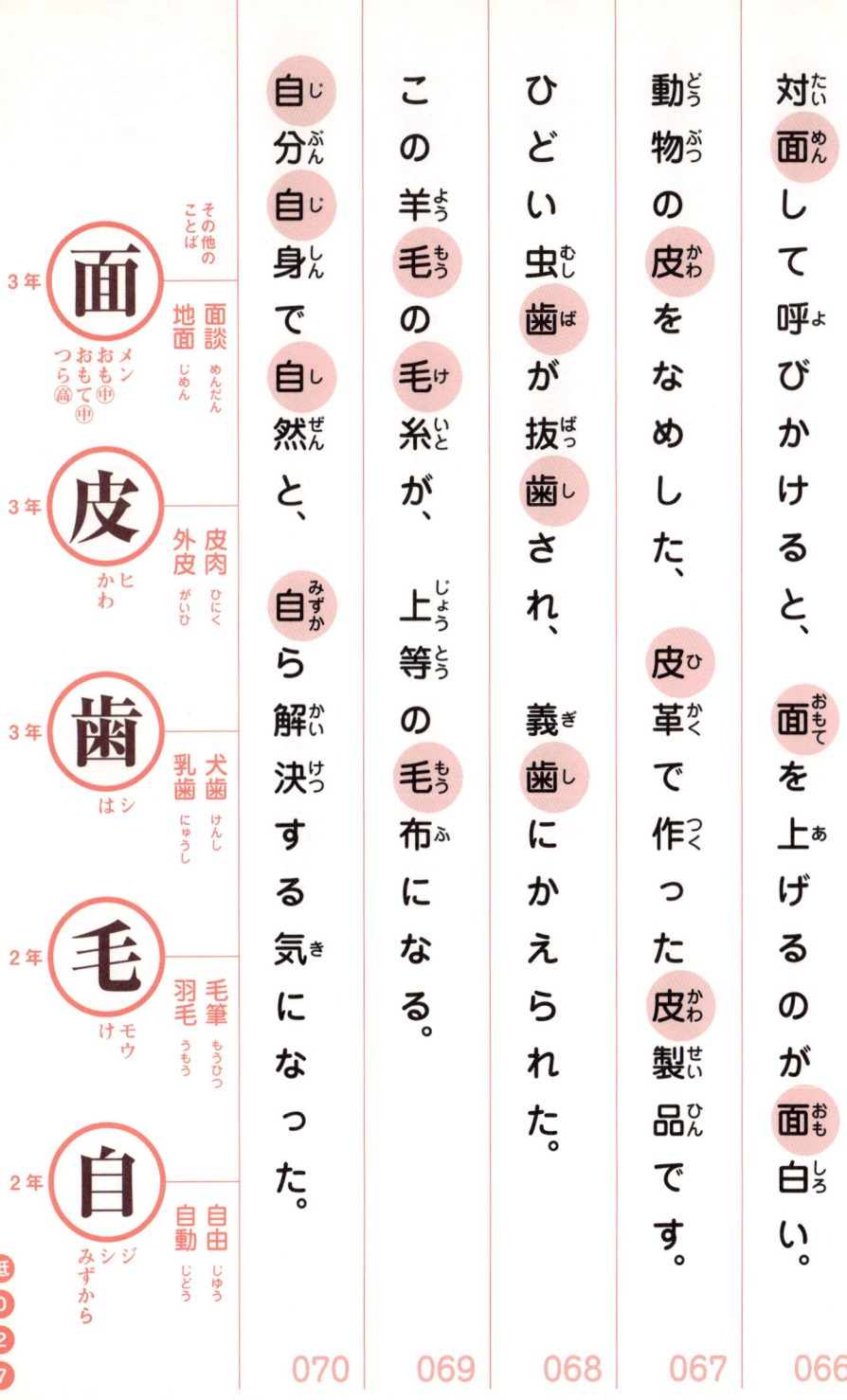

大《おお》きさとかたち

その他のことば

町 1年 チョウ まち
町会《ちょうかい》
町内《ちょうない》

村 1年 ソン むら
村会《そんかい》
農村《のうそん》

百 1年 ヒャク
百台《ひゃくだい》
百里《ひゃくり》

千 1年 セン ち
千年《せんねん》
千金《せんきん》

万 2年 マン バン㊥
万里《ばんり》
巨万《きょまん》

071 町《まち》の行《ぎょう》政《せい》をとる町《ちょう》長《ちょう》さんが、町《ちょう》民《みん》と話《はな》す。

072 村《そん》長《ちょう》が、山《さん》村《そん》の村《むら》はずれまで、見《み》て回《まわ》った。

073 二《に》百《ひゃく》分《ぶん》の百《ひゃく》は百《ひゃく》分《ぶん》の五《ご》十《じゅう》、半《はん》分《ぶん》のことです。

074 千《せん》里《り》眼《がん》なら、千《せん》キロも、千《ち》ひろの先《さき》も見《み》える。

075 万《まん》一《いち》、この百《ひゃく》万《まん》円《えん》をふん失《しつ》したら、万《ばん》事《じ》休《きゅう》すだ。

076
大《だい》統《とう》領《りょう》とお山《やま》の大《たい》将《しょう》とでは、大《おお》ちがいです。

077
中《ちゅう》学《がっ》校《こう》の校《こう》庭《てい》の中《なか》の、中《ちゅう》心《しん》あたりに私《わたくし》はいます。

078
小《しょう》学《がく》生《せい》の私《わたくし》は、小《お》川《がわ》で泳《およ》ぐ小《こ》魚《ざかな》を見《み》ていた。

079
三《さん》角《かく》形《けい》に角《かど》は三《みっ》つ。羊《ひつじ》の角《つの》には角《かど》がない。

080
砲《ほう》丸《がん》投《な》げの日《ひ》の丸《まる》で、丸《まる》が一《ひと》つ加《くわ》わった。

その他のことば

1年 **大**
ダイ
タイ
おお
おおきい
おおいに
大地《だいち》
大病《たいびょう》

1年 **中**
チュウ
なか
中央《ちゅうおう》
命中《めいちゅう》

1年 **小**
ショウ
ちいさい
お
こ
小国《しょうこく》
縮小《しゅくしょう》

2年 **角**
カク
かど
つの
角度《かくど》
頭角《とうかく》

2年 **丸**
ガン
まる
まるい
まるめる
丸薬《がんやく》
一丸《いちがん》

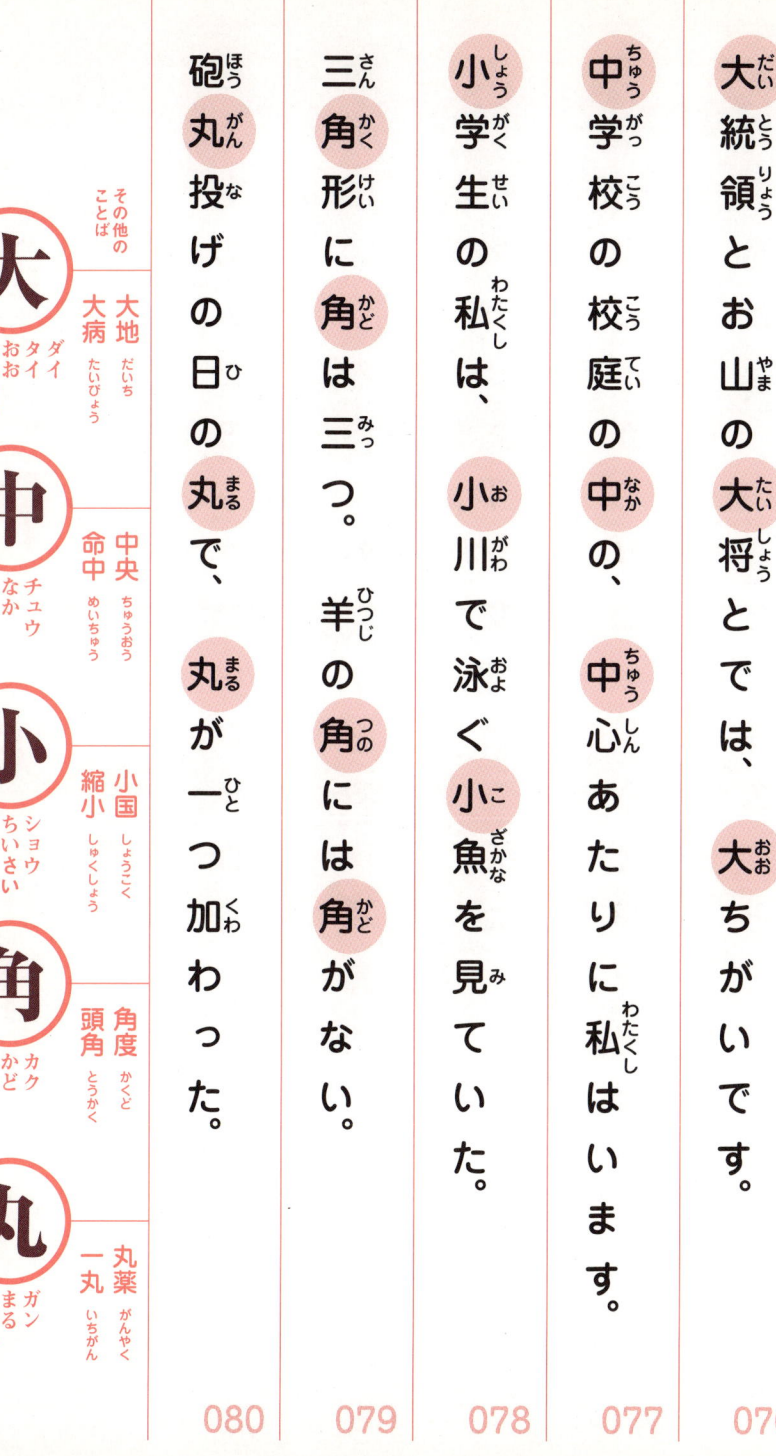

何　2年

カ(中)　なに　なん

その他のことば

何事《なにごと》
何年《なんねん》

科　2年

カ

科学《かがく》
理科《りか》

太　2年

タイ　タ　ふとい　ふとる

太古《たいこ》
太陽《たいよう》

平　3年

ヘイ　ビョウ　たいら　ひら

平原《へいげん》
水平《すいへい》

洋　3年

ヨウ

洋風《ようふう》
外洋《がいよう》

081 何《なん》人《にん》もの人《ひと》たちが、長《なが》い間《あいだ》何《なに》かをさがしている。

082 病《びょう》院《いん》には、内《ない》科《か》、外《げ》科《か》、眼《がん》科《か》、耳《じ》鼻《び》科《か》がある。

083 太《ふと》い丸《まる》太《た》が、太《たい》平《へい》洋《よう》に流《なが》れこんだ。

084 平《へい》身《しん》低《てい》頭《とう》しながら、心《こころ》は平《たい》らで平《へい》常《じょう》心《しん》です。

085 洋《よう》の東《とう》西《ざい》とは、東《とう》洋《よう》と西《せい》洋《よう》のことです。

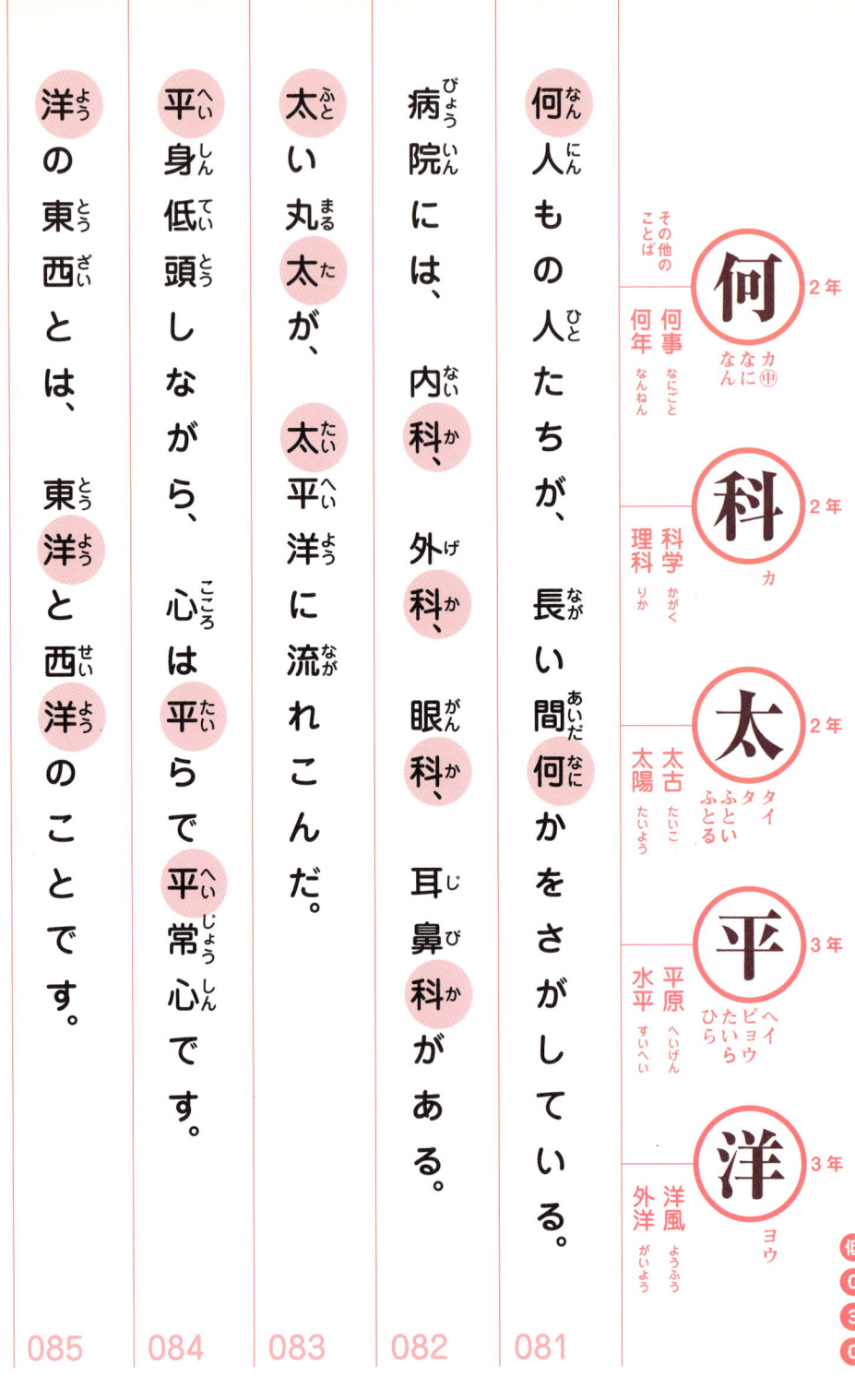

086 広《こう》言《げん》しすぎた広《こう》告《こく》だったが、広《ひろ》く知《し》られた。

087 才《さい》人《じん》で、英《えい》才《さい》だった人《ひと》が、今《いま》や天《てん》才《さい》です。

088 幼《よう》弱《じゃく》者《しゃ》や老《ろう》弱《じゃく》者《しゃ》など、弱《よわ》い人《ひと》を優《ゆう》先《せん》したい。

089 点《てん》灯《とう》され照《て》らされて、点《てん》滴《てき》の血《ち》が点《てん》点《てん》と落《お》ちる。

090 少《すく》ないが、少《すこ》しでもと、少《しょう》額《がく》を差《さ》し出《だ》した。

その他のことば

広 2年
コウ ひろい ひろまる ひろめる ひろがる
広大《こうだい》 広場《ひろば》

才 2年
サイ
才気《さいき》 文才《ぶんさい》

弱 2年
ジャク よわい よわる よわめる よわまる
弱点《じゃくてん》 強弱《きょうじゃく》

点 2年
テン
点数《てんすう》 満点《まんてん》

少 2年
ショウ すくない すこし
少年《しょうねん》 幼少《ようしょう》

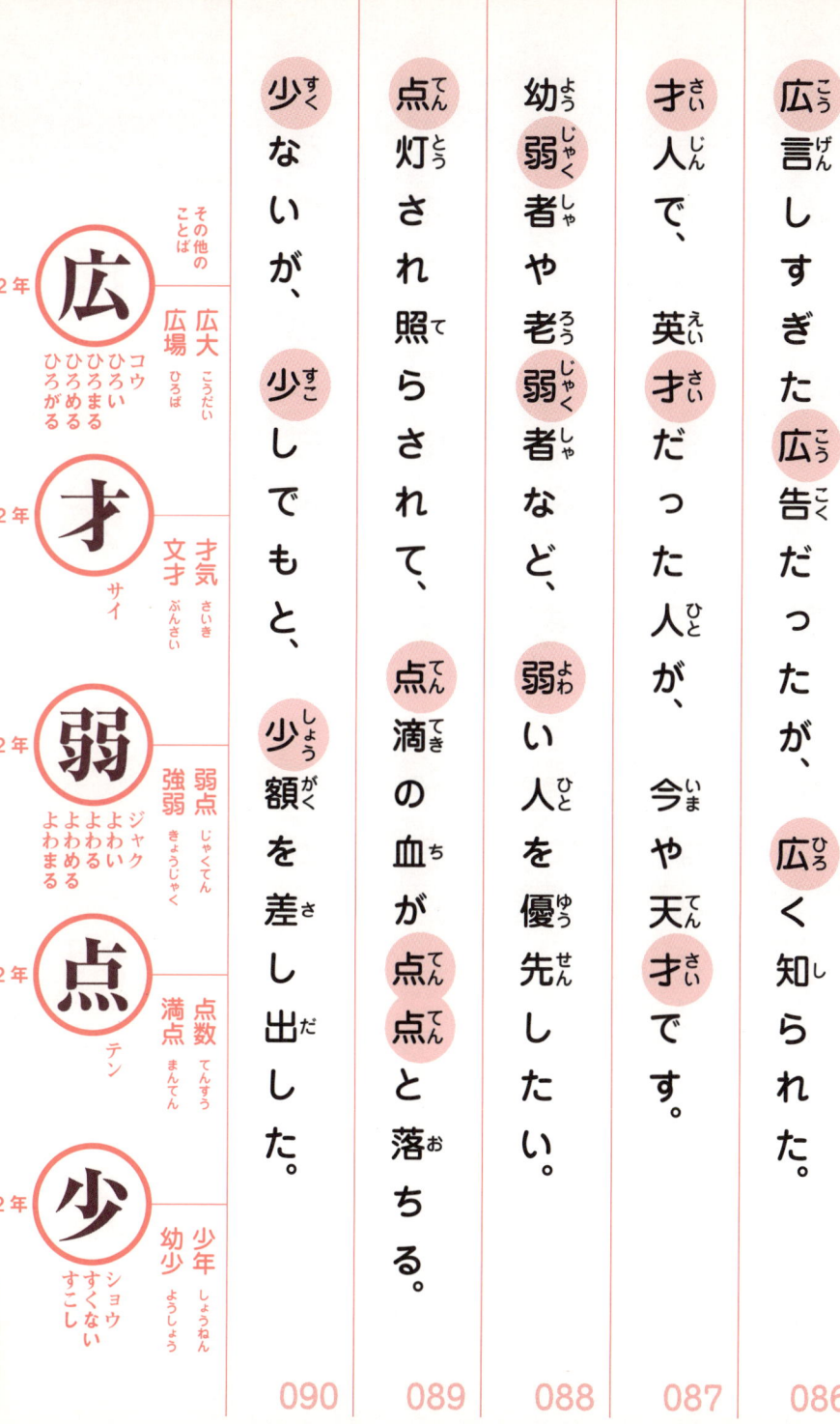

色《いろ》のいろいろ

白 1年
ハク・ビャク㊯・しろ・しら・しろい
その他のことば：白熱《はくねつ》・純白《じゅんぱく》

赤 1年
セキ・シャク㊯・あか・あかい・あからむ
その他のことば：赤面《せきめん》・赤熱《しゃくねつ》

青 1年
セイ・ショウ㊯・あお・あおい
その他のことば：青年《せいねん》・青春《せいしゅん》

緑 3年
リョク・ロク㊯・みどり
その他のことば：緑野《りょくや》・新緑《しんりょく》

茶 2年
チャ・サ㊥
その他のことば：茶道《さどう》・番茶《ばんちゃ》

091 白《はく》銀《ぎん》の世《せ》界《かい》の白《びゃく》夜《や》は、白《しろ》くかがやいていました。

092 赤《あか》ん坊《ぼう》が赤《せき》痢《り》にかかり、顔《かお》が赤《しゃく》銅《どう》色《いろ》に見《み》える。

093 銅《どう》に生《しょう》じる青《あお》い緑《ろく》青《しょう》は、青《せい》銅《どう》にも見《み》られる。

094 万《ばん》緑《りょく》は全《ぜん》山《ざん》が緑《みどり》、深《しん》緑《りょく》は濃《のう》密《みつ》な緑《みどり》の感《かん》じです。

095 黒《くろ》っぽい赤《あか》黄《き》色《いろ》を茶《ちゃ》色《いろ》と呼《よ》ぶが、こげ茶《ちゃ》色もある。

096 黄《こう》葉《よう》は、黄《き》色《いろ》に変《か》わってしまった黄《こ》金《がね》色《いろ》の葉《は》です。

097 黒《こく》白《びゃく》、白《しろ》黒《くろ》を明《あき》らかにし、黒《こく》板《ばん》に書《か》き出《だ》した。

098 席《せき》が空《あ》いて空《から》になり、青《あお》空《ぞら》教《きょう》室《しつ》に空《くう》席《せき》がある。

099 海《うみ》の旅《たび》は、内《うち》海《うみ》から外《そと》海《うみ》へ、公《こう》海《かい》へと出《で》て行《ゆ》く。

100 五《ご》色《しき》沼《ぬま》の特《とく》色《しょく》は、五《ご》種《しゅ》の色《いろ》の沼《ぬま》があることです。

		その他のことば
2年	黄　オウ　コウ㊥　き　こ㊥	黄緑《きみどり》　卵黄《らんおう》
2年	黒　コク　くろ　くろい	黒点《こくてん》　暗黒《あんこく》
1年	空　クウ　そら　から　あく　あける	空間《くうかん》　真空《しんくう》
2年	海　カイ　うみ	海洋《かいよう》　航海《こうかい》
2年	色　ショク　シキ　いろ	色調《しきちょう》　血色《けっしょく》

季節《きせつ》と天気《てんき》と時間《じかん》

その他のことば

里 2年
リ
さと
千里《せんり》
山里《やまざと》

春 2年
シュン
はる
青春《せいしゅん》
立春《りっしゅん》

夏 2年
カ
ゲ㊥
なつ
初夏《しょか》
晩夏《ばんか》

秋 2年
シュウ
あき
秋分《しゅうぶん》
立秋《りっしゅう》

冬 2年
トウ
ふゆ
冬季《とうき》
初冬《しょとう》

101 あの人《ひと》の郷《きょう》里《り》は、里《さと》人《びと》もまれな村《むら》里《ざと》です。

102 春《しゅん》分《ぶん》も過《す》ぎ、春《はる》めいた風《かぜ》が春《しゅん》水《すい》の川《かわ》面《づら》を行《ゆ》く。

103 立《りっ》夏《か》は夏《なつ》の始《はじ》まり、夏《げ》至《し》は昼《ひる》が最《さい》長《ちょう》の日《ひ》です。

104 初《しょ》秋《しゅう》の風《かぜ》が、秋《あき》らしい香《こう》気《き》を運《はこ》んできた。

105 立《りっ》冬《とう》から冬《とう》至《じ》までの間《あいだ》に、十《じゅう》分《ぶん》冬《ふゆ》を味《あじ》わった。

106 寒《かん》天《てん》の冬《ふゆ》空《ぞら》で、天《あま》の川《がわ》が天《てん》を二《に》分《ぶん》している。

107 気《き》のせいか、蒸《じょう》気《き》がもれている気《け》配《はい》がする。

108 大《おお》雪《ゆき》が降《ふ》り、除《じょ》雪《せつ》作《さ》業《ぎょう》で雪《ゆき》道《みち》が作《つく》られた。

109 雨《う》季《き》の雨《あめ》のなか、雨《あま》がさ片《かた》手《て》に出《で》かけた。

110 快《かい》晴《せい》も快《かい》晴《せい》、どこまでも晴《は》れわたっている。

その他のことば

天 1年 テン あま あめ(高)
天才《てんさい》 天災《てんさい》

気 1年 ケ キ
気分《きぶん》 元気《げんき》

雪 2年 セツ ゆき
雪国《ゆきぐに》 深雪《しんせつ》

雨 1年 ウ あめ あま
雨天《うてん》 大雨《おおあめ》

晴 2年 セイ はれる はらす
晴天《せいてん》 晴雨《せいう》

時　2年
ジ　とき
その他のことば
時間《じかん》
同時《どうじ》

朝　2年
チョウ　あさ
朝食《ちょうしょく》
早朝《そうちょう》

昼　2年
チュウ　ひる
昼食《ちゅうしょく》
白昼《はくちゅう》

夕　1年
セキ㊥　ゆう
夕方《ゆうがた》
夕日《ゆうひ》

夜　2年
ヤ　よ　よる
夜間《やかん》
良夜《りょうや》

111　時《じ》時《じ》刻《こっ》刻《こく》、常《じょう》時《じ》世《せ》界《かい》が動《うご》きを止《と》める時《とき》はない。

112　朝《ちょう》朝《ちょう》暮《ぼ》暮《ぼ》とは、毎《まい》朝《あさ》毎《まい》晩《ばん》のことです。

113　昼《ちゅう》夜《や》兼《けん》行《こう》とは、昼《ひる》も夜《よる》も休《やす》まずです。

114　一《いっ》朝《ちょう》一《いっ》夕《せき》とは、一《いち》度《ど》きりの朝《あさ》夕《ゆう》、短《たん》時《じ》日《じつ》のこと。

115　夜《や》行《こう》列《れつ》車《しゃ》は夜《よる》の夜《よ》なか、月《つき》夜《よ》の平《へい》原《げん》を行《ゆ》く。

116 東《ひがし》の空《そら》の夜《よ》明《あ》けの星《ほし》、金《きん》星《せい》が、明《あ》けの明《みょう》星《じょう》です。

117 暖《あたた》かい春《はる》を陽《よう》春《しゅん》、明《あか》るい気《き》分《ぶん》を陽《よう》気《き》と呼《よ》ぶ。

118 雲《くも》なのに、歩《ある》けそうな雲《うん》海《かい》の上《うえ》を、飛《ひ》行《こう》中《ちゅう》です。

119 発《はっ》電《でん》し、送《そう》電《でん》される電《でん》力《りょく》が、市《し》民《みん》生《せい》活《かつ》を支《ささ》える。

120 波《は》長《ちょう》は波《は》動《どう》での、波《なみ》の山《やま》と山《やま》の間《あいだ》の距《きょ》離《り》です。

その他のことば

2年 **星** セイ ショウ㊥ ほし
星座《せいざ》
流星《りゅうせい》

3年 **陽** ヨウ
陽光《ようこう》
太陽《たいよう》

2年 **雲** ウン くも
雨雲《あまぐも》
暗雲《あんうん》

2年 **電** デン
電線《でんせん》
電車《でんしゃ》

3年 **波** ハ なみ
寒波《かんぱ》
電波《でんぱ》

自《し》然《ぜん》のいろいろ

その他のことば

山
1年

サン
やま

山脈《さんみゃく》
高山《こうざん》

坂
3年

ハン(高)
さか

坂道《さかみち》

谷
2年

コク(中)
たに

谷風《たにかぜ》
深谷《しんこく》

原
2年

ゲン
はら

原野《げんや》
草原《そうげん》

野
2年

ヤ
の

野球《やきゅう》
分野《ぶんや》

低038

121 山《さん》頂《ちょう》を目《め》指《ざ》す登《と》山《ざん》隊《たい》は、山《やま》小《ご》屋《や》を後《あと》にした。

122 急《きゅう》坂《はん》を登《のぼ》りきっても、また険《けわ》しい坂《さか》になる。

123 峡《きょう》谷《こく》を下《くだ》って行《ゆ》くと、さらに深《ふか》い谷《たに》です。

124 原《げん》始《し》林《りん》をぬけ出《で》ると、花《はな》咲《さ》く広《ひろ》野《の》原《はら》だった。

125 球《たま》は外《がい》野《や》手《しゅ》の頭《ず》上《じょう》を、花《はな》の野《の》原《はら》まで飛《と》んだ。

126 山《さん》川《せん》草《そう》木《もく》が、みな川《かわ》のせせらぎを聞《き》く。

127 湖《みずうみ》の風《かぜ》を受《う》けて、帆《はん》船《せん》は湖《こ》上《じょう》を湖《こ》心《しん》へ向《む》かう。

128 貯《ちょ》水《すい》池《ち》の池《ち》辺《へん》に、池《いけ》の水《みず》があふれた。

129 群《ぐん》島《とう》には、小《ちい》さい島《しま》や無《む》人《じん》島《とう》が多《た》数《すう》ある。

130 海《かい》岸《がん》を回《まわ》って行《ゆ》くと、河《か》口《こう》の川《かわ》岸《ぎし》に出《で》ます。

その他のことば

1年 **川** セン㊥ かわ
河川《かせん》 大川《おおかわ》

3年 **湖** コ みずうみ
湖面《こめん》 湖水《こすい》

2年 **池** チ いけ
電池《でんち》 古池《ふるいけ》

3年 **島** トウ しま
半島《はんとう》 列島《れっとう》

3年 **岸** ガン きし
湖岸《こがん》 対岸《たいがん》

低 040

日 1年

ニチ　ジツ　ひ　か

日光《にっこう》
連日《れんじつ》

月 1年

ゲツ　ガツ　つき

正月《しょうがつ》
年月《ねんげつ》

火 1年

カ　ひ　ほ㊒

発火《はっか》
消火《しょうか》

水 1年

スイ　みず

水道《すいどう》
山水《さんすい》

土 1年

ド　ト　つち

土曜《どよう》
領土《りょうど》

その他のことば

131 三《さん》十《じゅう》日《にち》間《かん》、期《き》日《じつ》までにと毎《まい》日《にち》、朝《あさ》日《ひ》の絵《え》をかいた。

132 三《さん》月《がつ》から今《こん》月《げつ》まで、三《み》月《つき》分《ぶん》の月《げっ》謝《しゃ》です。

133 花《はな》火《び》の火《ひ》花《ばな》から引《いん》火《か》して、大《たい》火《か》になった。

134 水《すい》面《めん》を行《い》った水《すい》上《じょう》スキーが、急《きゅう》に水《みず》に沈《しず》んだ。

135 ここの土《と》地《ち》の粘《ねん》土《ど》は、焼《や》き物《もの》用《よう》に良《よ》い土《つち》です。

136 黄《こ》金《がね》色《いろ》の金《きん》魚《ぎょ》に、大《たい》金《きん》が支《し》払《はら》われた。

137 火《ひ》打《う》ち石《いし》は石《せっ》器《き》の一《いっ》種《しゅ》。一《いっ》石《こく》は容《よう》積《せき》の単《たん》位《い》です。

138 風《ふう》圧《あつ》は風《かぜ》の圧《あつ》力《りょく》、風《ふ》情《ぜい》はおもむきです。

139 岩《がん》石《せき》の岸《がん》壁《ぺき》を、岩《いわ》のような筋《きん》肉《にく》の人《ひと》が登《のぼ》る。

140 実《じっ》地《ち》調《ちょう》査《さ》で、当《とう》地《ち》の地《ち》勢《せい》が、地《じ》道《みち》に調《しら》べられた。

その他のことば

金 1年 キン コン かね かな
金色《こんじき・きんいろ》 純金《じゅんきん》

石 1年 セキ シャク コク(中) いし
石仏《せきぶつ》 化石《かせき》

風 2年 フウ フ(高) かぜ かざ
風力《ふうりょく》 寒風《かんぷう》

岩 2年 ガン いわ
岩塩《がんえん》 砂岩《さがん》

地 2年 ジ チ
地主《じぬし》 大地《だいち》

動《どう》作《さ》をあらわす

その他のことば

童 3年
ドウ　わらべ㊥
童心《どうしん》　牧童《ぼくどう》

子 1年
こ　ス　シ
子弟《してい》　才子《さいし》

歩 2年
ホ　ブ㊥　フ㊫　あるく　あゆむ
歩合《ぶあい》　徒歩《とほ》

見 1年
ケン　みる　みえる　みせる
見学《けんがく》　意見《いけん》

聞 2年
ブン　モン㊫　きく　きこえる
伝聞《でんぶん》　旧聞《きゅうぶん》

141 童《どう》話《わ》を読《よ》み終《お》えた児《じ》童《どう》に、童《わらべ》歌《うた》をきかせた。

142 子《こ》供《ども》たちは、男《だん》子《し》も女《じょ》子《し》も満《まん》足《ぞく》げな様《よう》子《す》です。

143 歩《ほ》一《いっ》歩《ぽ》、歩《あゆ》みは遅《おそ》くても、用《よう》心《じん》して歩《ある》こう。

144 ここが見《み》せ場《ば》の演《えん》技《ぎ》を、見《けん》物《ぶつ》席《せき》で見《み》ていた。

145 聞《き》く耳《みみ》は抜《ばつ》群《ぐん》、見《けん》聞《ぶん》の広《ひろ》さは、前《ぜん》代《だい》未《み》聞《もん》でした。

146 見《けん》物《ぶつ》し、書《しょ》物《もつ》を読《よ》み、うまい物《もの》も口《くち》にしたい。

147 めったにない事《じ》物《ぶつ》こそ、好《こう》事《ず》家《か》の好《この》む事《こと》です。

148 動《どう》物《ぶつ》園《えん》で動《うご》き回《まわ》るのは、動《どう》物《ぶつ》たちと人《にん》間《げん》です。

149 知《ち》識《しき》と知《ち》恵《え》は、異《こと》なることを知《し》る。

150 学《まな》ぶ機《き》会《かい》は、学《がく》生《せい》が学《がく》園《えん》でとは限《かぎ》らない。

その他のことば

3年 **物** ブツ モツ もの
物体《ぶったい》 人物《じんぶつ》

3年 **事** ジ ズ㊫ こと
事件《じけん》 師事《しじ》

3年 **動** ドウ うごく うごかす
行動《こうどう》 移動《いどう》

2年 **知** チ しる
知能《ちのう》 感知《かんち》

1年 **学** ガク まなぶ
遊学《ゆうがく》 勉学《べんがく》

低 0 4 4

立 1年
リツ
リュウ㊤
たつ
たてる

立案《りつあん》
自立《じりつ》

出 1年
シュツ
スイ㊥
でる
だす

出馬《しゅつば》
外出《がいしゅつ》

言 2年
ゲン
ゴン
いう
こと

言論《げんろん》
伝言《でんごん》

語 2年
ゴ
かたる
かたらう

語源《ごげん》
言語《げんご》

想 3年
ソウ
ソ㊤

想念《そうねん》
空想《くうそう》

その他のことば

151 立《りっ》志《し》の人《ひと》が立《た》てた案《あん》で、この堂《どう》が建《こん》立《りゅう》された。

152 出《すい》納《とう》係《がかり》に参《さん》加《か》費《ひ》を提《てい》出《しゅつ》し、外《そと》へ出《で》て出《しゅっ》発《ぱつ》した。

153 発《はつ》言《げん》は言《ごん》語《ご》道《どう》断《だん》、人《ひと》には言《い》いにくい言《こと》葉《ば》でした。

154 日《に》本《ほん》語《ご》に英《えい》語《ご》をまじえ、語《ご》気《き》を強《つよ》めて語《かた》った。

155 想《そう》像《ぞう》を越《こ》え、予《よ》想《そう》数《すう》以《い》上《じょう》の感《かん》想《そう》文《ぶん》が寄《よ》せられた。

156 入《にゅう》場《じょう》は自《じ》由《ゆう》で、入《い》り口《ぐち》から誰《だれ》でも入《はい》れる。

157 工《こう》作《さく》に適《てき》した動《どう》作《さ》が、良《よ》い作《さく》品《ひん》を作《つく》ります。

158 一《いっ》考《こう》し再《さい》考《こう》して、さらに考《かんが》えるのが熟《じゅく》考《こう》です。

159 休《きゅう》日《じつ》で休《きゅう》校《こう》日《び》なのに、休《やす》めない教《きょう》師《し》もいる。

160 人《じん》生《せい》は一《いっ》生《しょう》に一《いち》度《ど》、生《う》まれ生《い》きつくすものです。

その他のことば

1年 入
ニュウ
いる
いれる
はいる
入念《にゅうねん》
入学《にゅうがく》

2年 作
サク
サ
つくる
作用《さよう》
作文《さくぶん》

2年 考
コウ
かんがえる
考案《こうあん》
思考《しこう》

1年 休
キュウ
やすむ
やすまる
やすめる
休息《きゅうそく》
連休《れんきゅう》

1年 生
セイ
ショウ
うまれる
はえる
いきる
生産《せいさん》
生活《せいかつ》

第《だい》二《に》章《しょう》

学《がっ》校《こう》でならうことからおぼえよう！

楽《らく》にひける

楽《がっ》器《き》ではないが、

楽《たの》しい。

力《ちから》いっぱい
力《りき》んで、筋《きん》力《りょく》を
きたえている。

打《だ》倒《とう》強《きょう》敵《てき》と
安《あん》打《だ》連《れん》発《ばつ》、
長《ちょう》打《だ》を打《う》ち上《あ》げた。

住《す》んでいるところ

家 2年
カ ケ いえ や

その他のことば
家庭《かてい》 作家《さっか》

屋 3年
オク や

家屋 ～ 屋台《やたい》 家屋《かおく》

根 3年
コン ね

根本《ねもと》 精根《せいこん》

庭 3年
テイ にわ

庭先《にわさき》 校庭《こうてい》

園 2年
エン その㊥

園長《えんちょう》 入園《にゅうえん》

低 048

161 彼《かの》女《じょ》の実《じっ》家《か》の本《ほん》家《け》は、広《ひろ》くて大《おお》きい家《いえ》です。

162 屋《や》根《ね》の上《うえ》の屋《や》根《ね》を、屋《おく》上《じょう》屋《おく》を架《か》すと言《い》う。

163 根《ね》っからのしばい好《ず》きだが、大《だい》根《こん》役《やく》者《しゃ》です。

164 庭《にわ》といえば、中《なか》庭《にわ》に花《はな》の庭《てい》園《えん》があるのです。

165 花《はな》を育《そだ》てる囲《かこ》みは花《はな》園《その》、学《まな》ぶ所《ところ》は学《がく》園《えん》です。

166 本《ほん》館《かん》のほかに、分《ぶん》館《かん》も別《べっ》館《かん》もある旅《りょ》館《かん》です。

167 門《かど》ごとに、門《もん》前《ぜん》に門《かど》松《まつ》を飾《かざ》っている。

168 一《いっ》戸《こ》建《だ》ての戸《と》をたたくと、門《もん》戸《こ》が開《ひら》かれた。

169 支《し》店《てん》の店《てん》頭《とう》に、その店《みせ》自《じ》慢《まん》の目《め》玉《だま》商《しょう》品《ひん》がある。

170 金《きん》庫《こ》が、寺《てら》の庫《く》裏《り》にも車《しゃ》庫《こ》にもある。

その他のことば

3年 館 カン
館内《かんない》
会館《かいかん》

2年 門 モン かど㊥
門番《もんばん》
正門《せいもん》

2年 戸 コ と
戸数《こすう》
戸口《とぐち》

2年 店 テン みせ
店員《てんいん》
商店《しょうてん》

3年 庫 コ ク㊢
倉庫《そうこ》
文庫《ぶんこ》

その他のことば

道 2年
ドウ　トウ(高)　みち
道具《どうぐ》　神道《しんとう》

橋 3年
キョウ　はし
陸橋《りっきょう》　歩道橋《ほどうきょう》

宮 3年
キュウ　グウ(中)　ク(高)　みや
宮中《きゅうちゅう》　神宮《じんぐう》

寺 2年
ジ　てら
寺院《じいん》　古寺《こじ》

駅 3年
エキ
駅伝《えきでん》　駅前《えきまえ》

171 芸《げい》の道《みち》には、茶《さ》道《どう》、花《か》道《どう》、書《しょ》道《どう》、香《こう》道《どう》もある。

172 橋《はし》には、木《き》橋《ばし》、石《いし》橋《ばし》、鉄《てっ》橋《きょう》も、鋼《こう》橋《きょう》もある。

173 宮《きゅう》廷《てい》の一《いっ》角《かく》に、宮《きゅう》殿《でん》があり、迷《めい》宮《きゅう》もあった。

174 山《やま》寺《でら》の寺《じ》僧《そう》には、働《はたら》き者《もの》が多《おお》いのです。

175 映《えい》画《が》『駅《えき》馬《ば》車《しゃ》』の舞《ぶ》台《たい》は、駅《えき》馬《ば》車《しゃ》時《じ》代《だい》の宿《しゅく》駅《えき》です。

176 円《えん》柱《ちゅう》、支《し》柱《ちゅう》はチュウ、火《ひ》柱《ばしら》、床《とこ》柱《ばしら》はバシラです。

177 茶《ちゃ》箱《ばこ》、本《ほん》箱《ばこ》、玩《がん》具《ぐ》箱《ばこ》、貯《ちょ》金《きん》箱《ばこ》が、家《いえ》の箱《はこ》たちです。

178 私《わたくし》が皿《さら》洗《あら》いをした、皿《さら》小《こ》鉢《ばち》の皿《さら》は無《む》数《すう》です。

179 看《かん》板《ばん》や掲《けい》示《じ》板《ばん》と異《こと》なり、回《かい》覧《らん》板《ばん》は回《まわ》される。

180 この作《さく》品《ひん》は小《しょう》品《ひん》だが、気《き》品《ひん》のある名《めい》品《ひん》です。

その他のことば

3年 **柱** チュウ はしら
電柱《でんちゅう》 門柱《もんちゅう》

3年 **箱** はこ
空箱《からばこ》 重箱《じゅうばこ》

3年 **皿** さら
皿状《さらじょう》 灰皿《はいざら》

3年 **板** ハン バン いた
板木《はんぎ》 登板《とうばん》

3年 **品** ヒン しな
品格《ひんかく》 粗品《そしな》

州 3年
シュウ
す㊥
その他のことば
九州《きゅうしゅう》
三角州《さんかくす》

都 3年
ト
ツ
みやこ
都心《としん》
首都《しゅと》

県 3年
ケン
県民《けんみん》
県政《けんせい》

港 3年
コウ
みなと
出港《しゅっこう》
空港《くうこう》

界 3年
カイ
学界《がっかい》
限界《げんかい》

181 州《しゅう》は川《かわ》の中《なか》州《す》の形《かたち》を示《しめ》し、くに、地《ち》域《いき》を指《さ》す。

182 昔《むかし》の都《みやこ》、京《きょう》都《と》には、古《こ》都《と》のなごりが無《む》数《すう》にある。

183 石《いし》川《かわ》県《けん》能《の》登《と》半《はん》島《とう》の県《けん》道《どう》を、県《けん》知《ち》事《じ》が見《み》回《まわ》る。

184 港《みなと》が改《かい》修《しゅう》され、見《み》違《ちが》えるほどの良《りょう》港《こう》となった。

185 世《せ》界《かい》中《じゅう》に様《さま》様《ざま》な界《かい》わいがあり、界《かい》域《いき》もある。

186 昔《せき》年《ねん》の姿《すがた》は今《いま》は昔《むかし》、今《こん》昔《じゃく》を比《くら》べようもない。

187 当《とう》世《せい》の世《せ》間《けん》の人《にん》情《じょう》にも、世《せ》論《ろん》にもふれたい。

188 所《しょ》所《しょ》方《ほう》方《ぼう》へ出《で》かけては、新《しん》名《めい》所《しょ》の見《み》所《どころ》を探《さが》す。

189 一《いっ》宿《しゅく》一《いっ》飯《ぱん》の恩《おん》義《ぎ》とは、一《いっ》泊《ぱく》の宿《やど》のご恩《おん》のことです。

190 横《おう》行《こう》はカニの横《よこ》歩《ある》き、横《おう》転《てん》ならトラックを思《おも》わす。

その他のことば

昔 3年 セキ(高) シャク(中) むかし
昔日《せきじつ》
大昔《おおむかし》

世 3年 セイ セ よ
世話《せわ》
近世《きんせい》

所 3年 ショ ところ
所見《しょけん》
近所《きんじょ》

宿 3年 シュク やど やどる やどす
宿願《しゅくがん》
下宿《げしゅく》

横 3年 オウ よこ
横断《おうだん》
縦横《じゅうおう》

学《がっ》校《こう》でならうこと

漢字	学年	読み	その他のことば
名	1年	メイ ミョウ な	名人《めいじん》 名前《なまえ》
文	1年	ブン モン ふみ㊥	文化《ぶんか》 作文《さくぶん》
本	1年	ホン もと	本心《ほんしん》 根本《こんぽん》
漢	3年	カン	漢詩《かんし》 漢文《かんぶん》
字	1年	ジ あざ㊥	字義《じぎ》 点字《てんじ》

191 筆《ひっ》名《めい》で有《ゆう》名《めい》になり、本《ほん》名《みょう》を知《し》る人《ひと》は少《すく》ない。

192 文《ぶん》案《あん》を読《よ》むと、文《ぶん》章《しょう》は文《もん》句《く》なしにうまい。

193 本《ほん》件《けん》の本《ほん》当《とう》の元《もと》は何《なに》か、本《ほん》人《にん》にききたい。

194 漢《かん》字《じ》は、漢《かん》民《みん》族《ぞく》から発《はっ》した文《も》字《じ》です。

195 漢《かん》字《じ》は、字《じ》に意《い》味《み》があるので、表《ひょう》意《い》文《も》字《じ》です。

196 校《こう》長《ちょう》は、学《がっ》校《こう》の名《めい》誉《よ》のため休《きゅう》校《こう》にした。

197 正《しょう》直《じき》に不《ふ》正《せい》を不《ふ》正《せい》と認《みと》め、是《ぜ》正《せい》したい。

198 作《さっ》曲《きょく》家《か》は、音《おと》の流《なが》れを曲《ま》げたり伸《の》ばしたりする。

199 直《ちょく》訳《やく》だが誤《ご》訳《やく》でしたと、正《しょう》直《じき》に認《みと》めて直《なお》した。

200 多《た》多《た》あるとは、数《かず》多《おお》くあるということです。

その他のことば

1年 **校** コウ
校門《こうもん》
母校《ぼこう》

1年 **正** セイ ショウ ただしい ただす まさ
正義《せいぎ》
正面《しょうめん》

3年 **曲** キョク まがる まげる
曲折《きょくせつ》
名曲《めいきょく》

2年 **直** チョク ジキ ただちに なおす なおる
直線《ちょくせん》
直立《ちょくりつ》

2年 **多** タ おおい
多年《たねん》
多大《ただい》

楽　2年
ガク　ラク　たのしい　たのしむ
その他のことば
楽天《らくてん》　音楽《おんがく》

教　2年
キョウ　おしえる　おそわる
教員《きょういん》　宗教《しゅうきょう》

歌　2年
カ　うた　うたう
歌人《かじん》　歌手《かしゅ》

読　2年
ドク　トク　トウ　よむ
読書《どくしょ》　音読《おんどく》

算　2年
サン
算段《さんだん》　予算《よさん》

201 楽《らく》にひける楽《がっ》器《き》ではないが、楽《たの》しい。

202 教《きょう》室《しつ》で教《おし》える教《きょう》師《し》の、教《きょう》養《よう》が大《だい》事《じ》なのです。

203 歌《うた》は歌《うた》えないが、歌《か》曲《きょく》は大《だい》好《す》きです。

204 読《どく》者《しゃ》が好《この》む読《とく》本《ほん》は、読《よ》みやすく楽《たの》しい本《ほん》。

205 その子《こ》は算《さん》数《すう》が得《とく》意《い》で、暗《あん》算《ざん》も計《けい》算《さん》も速《はや》い。

206 思《し》案《あん》がだめな時《とき》は、思《おも》いを一《いち》時《じ》やめることです。

207 声《こえ》の調《ちょう》子《し》を調《ととの》えようと、調《ちょう》整《せい》している。

208 答《とう》申《しん》を見《み》て、議《ぎ》長《ちょう》は良《よ》い答《こた》えだと回《かい》答《とう》した。

209 出《しゅっ》張《ちょう》申《しん》請《せい》を、申《しん》告《こく》書《しょ》で申《もう》し上《あ》げます。

210 談《だん》話《わ》室《しつ》での談《だん》笑《しょう》から、美《び》談《だん》が生《う》まれた。

			その他のことば
2年	思	シ おもう	思考《しこう》 意思《いし》
3年	調	チョウ しらべる ととのえる㊥ ととのう㊥	調理《ちょうり》 口調《くちょう》
2年	答	トウ こたえる こたえ	答案《とうあん》 返答《へんとう》
3年	申	シン㊥ もうす	内申書《ないしんしょ》 上申《じょうしん》
3年	談	ダン	談合《だんごう》 相談《そうだん》

低 058

買 2年
バイ
かう
その他のことば
買収《ばいしゅう》
購買《こうばい》

分 2年
ブン
フン
ブ
わける
わかる
分担《ぶんたん》
半分《はんぶん》

工 2年
コウ
ク
工事《こうじ》
大工《だいく》

組 2年
ソ
くみ
くむ
組成《そせい》
番組《ばんぐみ》

用 2年
ヨウ
もちいる
用事《ようじ》
急用《きゅうよう》

211 名《めい》声《せい》を売《ばい》買《ばい》したり、名《めい》誉《よ》を買《か》うなんてできません。

212 分《ぶん》野《や》に分《わ》けられ、さらに細《さい》分《ぶん》化《か》されている。

213 工《こう》場《じょう》で、竹《たけ》細《ざい》工《く》の工《こう》作《さく》が工《く》夫《ふう》された。

214 組《そ》織《しき》の若《わか》返《がえ》りのため、改《かい》組《そ》に取《と》り組《く》んでいる。

215 用《よう》心《じん》して早《はや》めに用《よう》意《い》し、活《かつ》用《よう》に心《こころ》を用《もち》いた。

216 古《こ》都《と》の古《こ》老《ろう》に、古《ふる》い物《もの》の良《よ》さを教《おそ》わった。

217 書《しょ》面《めん》には、私《わたくし》の蔵《ぞう》書《しょ》を見《み》たいと書《か》かれている。

218 絵《え》をかくのが不《ふ》得《とく》意《い》だった画《が》家《か》の、絵《かい》画《が》です。

219 画《が》用《よう》紙《し》に、旅《たび》の計《けい》画《かく》を図《ず》画《が》風《ふう》にかいた。

220 売《ばい》店《てん》の特《とく》設《せつ》売《う》り場《ば》で、特《とく》売《ばい》品《ひん》が売《う》られた。

その他のことば

2年 古 コ ふるい ふるす
古典《こてん》 古代《こだい》

2年 書 ショ かく
書店《しょてん》 図書《としょ》

2年 絵 カイ エ
絵本《えほん》 口絵《くちえ》

2年 画 ガ カク
画面《がめん》 区画《くかく》

2年 売 バイ うる うれる
売買《ばいばい》 発売《はつばい》

乗《の》り物《もの》と交通《こうつう》

光　2年

コウ　ひかり　ひかる

その他のことば　光栄《こうえい》　発光《はっこう》

急　3年

キュウ　いそぐ

急転《きゅうてん》　至急《しきゅう》

行　2年

コウ　ギョウ　いく　ゆく　おこなう

行進《こうしん》　行列《ぎょうれつ》

帰　2年

キ　かえる　かえす

帰省《きせい》　復帰《ふっき》

計　2年

ケイ　はかる　はからう

計器《けいき》　合計《ごうけい》

221　月《げっ》光《こう》と脚《きゃっ》光《こう》のほかに、どんな光《ひかり》が必《ひつ》要《よう》なの。

222　急《いそ》ぐ時《とき》は、急《きゅう》速《そく》や性《せい》急《きゅう》よりも、冷《れい》静《せい》な救《きゅう》急《きゅう》です。

223　行《こう》楽《らく》旅《りょ》行《こう》だが、行《ゆ》く先《さき》の寺《てら》で修《しゅ》行《ぎょう》です。

224　帰《き》心《しん》しずめがたく、帰《き》国《こく》してわが家《や》へ帰《かえ》った。

225　計《けい》算《さん》の合《ごう》計《けい》から、改《かい》装《そう》計《けい》画《かく》が計《はか》られた。

226
交《こう》際《さい》が親《しん》交《こう》へと進《すす》み、交《まじ》わりが深《ふか》まった。

227
車《くるま》に通《つう》の人《ひと》が、通《つう》信《しん》会《がい》社《しゃ》に車《くるま》で通《かよ》っている。

228
会《あ》うと会《え》釈《しゃく》しあう、会《かい》員《いん》同《どう》士《し》の会《かい》食《しょく》です。

229
数《かぞ》えれば整《せい》数《すう》、逆《ぎゃく》数《すう》、変《へん》数《すう》、無《む》数《すう》等《とう》の数《すう》も数《かず》です。

230
回《かい》の付《つ》く語《ご》群《ぐん》に、回《かい》遊《ゆう》、回《かい》想《そう》、回《かい》読《どく》、回《かい》覧《らん》もある。

その他のことば

交 2年
コウ
まじわる
まじる
まざる
かわす㊥
交番《こうばん》
交代《こうたい》

通 2年
ツウ
ツ㊫
とおる
とおす
かよう
通行《つうこう》
共通《きょうつう》

会 2年
カイ
エ㊫
あう
社会《しゃかい》
会得《えとく》

数 2年
スウ
ス㊫
かず
かぞえる
数回《すうかい》
人数《にんずう》

回 2年
カイ
エ㊫
まわる
まわす
回答《かいとう》
転回《てんかい》

低 0 6 2

午 2年 ゴ

その他のことば

午前《ごぜん》
子午線《しごせん》

後 2年 ゴ コウ うしろ のち あと

後日《ごじつ》
食後《しょくご》

汽 2年 キ

夜汽車《よぎしゃ》

船 2年 セン ふね ふな

船室《せんしつ》
客船《きゃくせん》

速 3年 ソク はやい はやめる すみやか㊥

速度《そくど》
速達《そくたつ》

231 午《ご》は正《しょう》午《ご》、午《ご》後《ご》は昼《ひる》過《す》ぎ、午《ご》睡《すい》は昼《ひる》寝《ね》です。

232 後《あと》は後《ご》日《じつ》お会《あ》いして、話《はな》しましょう。後《こう》略《りゃく》。

233 汽《き》車《しゃ》で港《みなと》へ来《き》て、汽《き》船《せん》が鳴《な》らす汽《き》笛《てき》を聞《き》いた。

234 船《ふな》旅《たび》で船《せん》橋《きょう》に立《た》ち、船《せん》長《ちょう》気《き》分《ぶん》を味《あじ》わった。

235 速《そく》断《だん》速《そっ》決《けつ》の消《しょう》火《か》活《かつ》動《どう》で、火《か》速《そく》は急《きゅう》速《そく》に落《お》ちた。

用《よう》紙《し》は、表《ひょう》紙《し》が和《わ》紙《し》で、中《なか》身《み》は洋《よう》紙《し》と薄《うす》紙《がみ》です。 236

理《り》不《ふ》尽《じん》とは、道《どう》理《り》をつくさず、無《む》理《り》することです。 237

細《さい》の字《じ》は、細《ほそ》くて細《こま》かいの意《い》味《み》の、形《けい》容《よう》詞《し》です。 238

並《なら》ぶ車《しゃ》列《れつ》のように、一《いち》列《れつ》の行《ぎょう》列《れつ》です。 239

通《つう》路《ろ》には、水《すい》路《ろ》も、鉄《てつ》路《ろ》も、空《くう》路《ろ》もある。 240

2年 **紙** シ かみ
その他のことば
紙面《しめん》 半紙《はんし》

2年 **理** リ
理論《りろん》 料理《りょうり》

2年 **細** サイ ほそい ほそる こまか こまかい
細工《さいく》 細心《さいしん》

3年 **列** レツ
列挙《れっきょ》 配列《はいれつ》

3年 **路** ロ じ
路線《ろせん》 旅路《たびじ》

転　3年
テン　ころがる　ころげる　ころがす　ころぶ
その他のことば
転任　てんにん
運転　うんてん

送　3年
ソウ　おくる
送信　そうしん
返送　へんそう

仕　3年
シ　ジ㊒　つかえる
仕官　しかん
給仕　きゅうじ

去　3年
キョ　コ　さる
去年　きょねん
除去　じょきょ

写　3年
シャ　うつす　うつる
写実　しゃじつ
縮写　しゅくしゃ

241 自《じ》転《てん》車《しゃ》で転《ころ》んでけがをし、病《びょう》院《いん》を転《てん》転《てん》とした。

242 送《そう》別《べつ》会《かい》などの送《そう》は、物《もの》を送《おく》り届《とど》けることではない。

243 仕《つか》えるの仕《し》の字《じ》は、仕《し》事《ごと》、奉《ほう》仕《し》などの語《ご》にある。

244 過《か》去《こ》へのこだわりから離《はな》れ去《さ》り、退《たい》去《きょ》します。

245 写《しゃ》真《しん》は、真《しん》実《じつ》を写《うつ》すことは写《うつ》すが、平《へい》面《めん》だけです。

246 一《いち》助《じょ》、自《じ》助《じょ》、天《てん》助《じょ》、神《しん》助《じょ》の助《たす》けは、全《ぜん》部《ぶ》大《だい》歓《かん》迎《げい》。

247 旅《たび》の字《じ》は、複《ふく》数《すう》の旅《りょ》行《こう》者《しゃ》の、集《しゅう》団《だん》行《こう》動《どう》の意《い》でした。

248 味《あじ》を味《あじ》わい、その味《あじ》のことを興《きょう》味《み》深《ぶか》く語《かた》る。

249 どう頭《あたま》を使《つか》えば、使《つか》い甲《が》斐《い》ある行《こう》使《し》となるか。

250 湯《ゆ》桶《おけ》の熱《ねっ》湯《とう》を、ぬる湯《ゆ》と勘《かん》違《ちが》いし、やけどした。

3年 **助** ジョ たすける たすかる すけ㊥
その他のことば 助長《じょちょう》 救助《きゅうじょ》

3年 **旅** リョ たび
旅情《りょじょう》 旅程《りょてい》

3年 **味** ミ あじ あじわう
味方《みかた》 意味《いみ》

3年 **使** シ つかう
使命《しめい》 大使《たいし》

3年 **湯** トウ ゆ
湯治《とうじ》 給湯《きゅうとう》

道《どう》具《ぐ》やものの名前《なまえ》

その他のことば

糸 1年 シ いと
製糸《せいし》 毛糸《けいと》

玉 1年 ギョク たま
玉石《ぎょくせき》 宝玉《ほうぎょく》

車 1年 シャ くるま
車輪《しゃりん》 電車《でんしゃ》

台 2年 ダイ タイ
台地《だいち》 屋台《やたい》

笛 3年 テキ ふえ
牧笛《ぼくてき》 草笛《くさぶえ》

251 絹《けん》糸《し》は蚕《さん》糸《し》のことで、綿《めん》糸《し》は木《も》綿《めん》の糸《いと》を言《い》う。

252 玉《ぎょく》酒《しゅ》、玉《ぎょく》姿《し》など、りっぱなの意《い》の美《び》称《しょう》が玉《たま》です。

253 車《くるま》付《つ》きの語《ご》、汽《き》車《しゃ》、客《きゃく》車《しゃ》、乗《じょう》車《しゃ》、停《てい》車《しゃ》、下《げ》車《しゃ》も。

254 高《たか》台《だい》にある台《だい》の上《うえ》で、灯《とう》台《だい》が台《たい》風《ふう》を待《ま》つ。

255 口《くち》笛《ぶえ》のほかに笛《ふえ》は、汽《き》笛《てき》、警《けい》笛《てき》、竹《たけ》笛《ぶえ》、横《よこ》笛《ぶえ》も。

256 やぶさめは、弓《きゅう》術《じゅつ》と馬《ば》術《じゅつ》一《いっ》体《たい》の、弓《ゆみ》の武《ぶ》術《じゅつ》です。

257 一《いっ》矢《し》を報《むく》いようと、弓《ゆみ》と矢《や》を手《て》にした。

258 芝《しば》居《い》の千《せん》羽《ば》鶴《づる》の天《てん》女《にょ》は、羽《は》衣《ごろも》という羽《はね》で飛《と》び去《さ》る。

259 長《なが》いものに、長《ちょう》舌《ぜつ》、長《ちょう》身《しん》、長《ちょう》所《しょ》、長《ちょう》考《こう》もある。

260 刀《とう》工《こう》は、刀《かたな》かじとも呼《よ》ばれる、刀《かたな》作《づく》り師《し》です。

その他のことば

2年 弓 キュウ㊥ ゆみ
弓道《きゅうどう》
大弓《だいきゅう》

2年 矢 シ㊫ や
矢先《やさき》
毒矢《どくや》

2年 羽 ウ㊥ は はね
羽毛《うもう》
羽虫《はむし》

2年 長 チョウ ながい
長大《ちょうだい》
長足《ちょうそく》

2年 刀 トウ かたな
刀身《とうしん》
日本刀《にほんとう》

スポーツでよく使《つか》う

走　2年

ソウ　はしる

快走《かいそう》　競走《きょうそう》（その他のことば）

来　2年

ライ　くる　きたる(中)　きたす(中)

来春《らいしゅん》　本来《ほんらい》

切　2年

セツ　サイ(中)　きる　きれる

切実《せつじつ》　大切《たいせつ》

止　2年

シ　とまる　とめる

止血《しけつ》　休止《きゅうし》

流　3年

リュウ　ル(高)　ながれる　ながす

流行《りゅうこう》　流転《るてん》

261 ご馳《ち》走《そう》は、走《はし》り回《まわ》って集《あつ》める美《び》食《しょく》のことです。

262 来《く》る者《もの》よ来《きた》れと、待《ま》つ所《ところ》へ千《せん》客《きゃく》万《ばん》来《らい》だった。

263 切《き》るか切《き》られるか、切《せっ》迫《ぱく》した状《じょう》況《きょう》でした。

264 中《ちゅう》止《し》も、停《てい》止《し》も、静《せい》止《し》も、動《うご》きが止《と》まることです。

265 川《かわ》は流《なが》れに沿《そ》い、上《じょう》流《りゅう》、中《ちゅう》流《りゅう》、下《か》流《りゅう》と呼《よ》ぶ。

266 遊《ゆ》山《さん》は山《やま》や野《の》に遊《あそ》ぶ、遊《ゆう》覧《らん》は見《み》て歩《ある》くことです。

267 水《すい》泳《えい》選《せん》手《しゅ》たちは、それぞれ自《じ》己《こ》流《りゅう》の泳《えい》法《ほう》で泳《およ》ぐ。

268 待《たい》望《ぼう》のご招《しょう》待《たい》は、期《き》待《たい》以《い》上《じょう》の歓《かん》待《たい》でした。

269 勢《いきお》いに飲《の》まれて、飲《いん》食《しょく》できなかった。

270 息《いき》つくことが休《きゅう》息《そく》で、息《そく》災《さい》が平《へい》安《あん》です。

その他のことば

3年 **遊** ユウ　ユ㊀　あそぶ
遊泳《ゆうえい》　遊園地《ゆうえんち》

3年 **泳** エイ　およぐ
泳者《えいしゃ》　競泳《きょうえい》

3年 **待** タイ　まつ
待機《たいき》　接待《せったい》

3年 **飲** イン　のむ
飲料《いんりょう》　痛飲《つういん》

3年 **息** ソク　いき
生息《せいそく》　消息《しょうそく》

その他のことば

受　3年

ジュ
うける
うかる

受信《じゅしん》
受験《じゅけん》

集　3年

シュウ
あつまる
あつめる
つどう㊥

集散《しゅうさん》
集合《しゅうごう》

開　3年

カイ
ひらく
ひらける
あく
あける

開通《かいつう》
公開《こうかい》

代　3年

ダイ
タイ
かわる
かえる
よ・しろ㊥

代官《だいかん》
世代《せだい》

追　3年

ツイ
おう

追加《ついか》
追放《ついほう》

271 受《う》け方《かた》には、感《かん》受《じゅ》、甘《かん》受《じゅ》、伝《でん》受《じゅ》、拝《はい》受《じゅ》もある。

272 歌《か》集《しゅう》、詩《し》集《しゅう》、句《く》集《しゅう》、文《ぶん》集《しゅう》などを、全《ぜん》力《りょく》で集《あつ》めた。

273 開《かい》口《こう》一《いち》番《ばん》、開《かい》業《ぎょう》開《かい》店《てん》、全《ぜん》設《せつ》備《び》全《ぜん》開《かい》と宣《せん》言《げん》した。

274 当《とう》家《け》では代《だい》代《だい》、先《せん》代《だい》が後《こう》代《だい》に交《こう》代《たい》を告《つ》げてきた。

275 急《きゅう》追《つい》し、追《つい》求《きゅう》し、追《つい》尾《び》し、追《お》いつめた。

276 力《ちから》いっぱい力《りき》んで、筋《きん》力《りょく》をきたえている。

277 登《と》山《ざん》は山《やま》登《のぼ》りだが、登《とう》高《こう》は高《たか》い所《ところ》へ登《のぼ》ることです。

278 院《いん》は邸《てい》宅《たく》を意《い》味《み》するが、学《がく》院《いん》なら行《い》ってみたい。

279 負《ま》けるが勝《か》ちの、勝《しょう》負《ぶ》は少《すく》ない。

280 放《ほう》心《しん》、放《ほう》出《しゅつ》、放《ほう》言《げん》、放《ほう》流《りゅう》、放《ほう》水《すい》、みな何《なに》かを放《はな》つ。

			その他のことば
1年	力	リョク リキ ちから	力士《りきし》 体力《たいりょく》
3年	登	トウ ト のぼる	登場《とうじょう》 登校《とうこう》
3年	院	イン	院長《いんちょう》 病院《びょういん》
3年	勝	ショウ かつ まさる㊥	勝因《しょういん》 完勝《かんしょう》
3年	放	ホウ はなす はなつ はなれる	放送《ほうそう》 解放《かいほう》

その他のことば

球　3年
キュウ
たま

球根《きゅうこん》
気球《ききゅう》

落　3年
ラク
おちる
おとす

落日《らくじつ》
転落《てんらく》

深　3年
シン
ふかい
ふかまる
ふかめる

深山《しんざん》
深夜《しんや》

浅　4年
セン㊥
あさい

浅海《せんかい》
深浅《しんせん》

度　3年
ド
タク㊥
ト㊫
たび㊥

度量《どりょう》
温度《おんど》

281 最《もっと》も速《はや》い球《たま》を投《な》げる、速《そっ》球《きゅう》投《とう》手《しゅ》が彼《かれ》です。

282 これが、地《じ》震《しん》でくずれ落《お》ちた、巨《きょ》大《だい》落《らっ》下《か》物《ぶつ》です。

283 水《すい》深《しん》の深《ふか》い深《しん》海《かい》は、未《み》知《ち》の、奥《おく》深《ふか》い世《せ》界《かい》です。

284 考《かんが》えが浅《あさ》いことを、浅《せん》見《けん》とも浅《せん》慮《りょ》とも言《い》う。

285 何《なん》度《ど》支《し》度《たく》し直《なお》したら、丁《ちょう》度《ど》良《よ》くなるのか。

286 気《き》軽《がる》で、気《き》楽《らく》な軽《けい》装《そう》なので、とても軽《かろ》やかです。

287 主《しゅ》役《やく》も脇《わき》役《やく》も、楽《らく》楽《らく》と役《やく》を演《えん》じている。

288 写《しゃ》実《じつ》に忠《ちゅう》実《じつ》な、現《げん》実《じつ》主《しゅ》義《ぎ》が実《みの》った作《さく》品《ひん》です。

289 部《ぶ》は分《わ》けるで、部《ぶ》分《ぶん》は分《わ》けた一《いち》部《ぶ》分《ぶん》のことです。

290 音《おん》階《かい》は楽《がく》音《おん》の、位《い》階《かい》は位《くらい》の階《かい》級《きゅう》なのです。

その他のことば

軽 3年 ケイ かるい かろやか㊥
軽快《けいかい》 軽便《けいびん》

役 3年 ヤク エキ㊥
役者《やくしゃ》 雑役《ざつえき》

実 3年 ジツ み みのる
実業《じつぎょう》 切実《せつじつ》

部 3年 ブ
部品《ぶひん》 全部《ぜんぶ》

階 3年 カイ
階上《かいじょう》 段階《だんかい》

3年
育
イク
そだつ
そだてる
その他のことば
育成《いくせい》
体育《たいいく》

3年
練
レン
ねる
試練《しれん》
訓練《くんれん》

3年
礼
レイ
ライ㊢
敬礼《けいれい》
朝礼《ちょうれい》

3年
習
シュウ
ならう
習字《しゅうじ》
学習《がくしゅう》

3年
持
ジ
もつ
支持《しじ》
保持《ほじ》

291 育《いく》児《じ》も、家《か》庭《てい》教《きょう》育《いく》も、人《ひと》を育《そだ》てる重《じゅう》大《だい》事《じ》です。

292 練《れん》習《しゅう》を重《かさ》ねるとは、練《ね》りに練《ね》ることです。

293 礼《れい》の仕《し》方《かた》、仏《ぶつ》教《きょう》では礼《らい》拝《はい》、キリスト教《きょう》は礼《れい》拝《はい》です。

294 復《ふく》習《しゅう》は習《なら》ったことの、予《よ》習《しゅう》は前《まえ》もっての学《がく》習《しゅう》です。

295 持《じ》参《さん》の持《も》ち物《もの》も、所《しょ》持《じ》品《ひん》として預《あず》かります。

296 起《き》床《しょう》五《ご》時《じ》、起《お》きて連《つ》れを起《お》こしに行《い》った。

297 区《く》分《ぶん》地《ち》図《ず》で、住《じゅう》宅《たく》地《ち》区《く》と区《く》役《やく》所《しょ》を確《たし》かめた。

298 祭《さい》神《じん》は天《てん》満《まん》天《てん》神《じん》で、学《がく》問《もん》の神《かみ》として祭《まつ》る。

299 式《しき》日《び》和《より》の卒《そつ》業《ぎょう》式《しき》で、式《しき》辞《じ》が感《かん》動《どう》的《てき》だった。

300 返《へん》信《しん》への返《へん》答《とう》はなかったが、借《か》りは返《かえ》した。

その他のことば

起 3年
キ　おきる　おこる　おこす
決起《けっき》　起源《きげん》

区 3年
ク
区間《くかん》　区別《くべつ》

祭 3年
サイ　まつる　まつり
祭日《さいじつ》　祝祭《しゅくさい》

式 3年
シキ
式典《しきてん》　形式《けいしき》

返 3年
ヘン　かえす　かえる
返礼《へんれい》　返送《へんそう》

その他のことば

守　3年
シュ
ス
まもる
もり㊥
保守《ほしゅ》
固守《こしゅ》

客　3年
キャク
カク㊥
客車《きゃくしゃ》
来客《らいきゃく》

神　3年
シン
ジン
かみ
かん㊥
こう㊫
神童《しんどう》
精神《せいしん》

委　3年
イ
委曲《いきょく》
委員会《いいんかい》

植　3年
ショク
うえる
うわる
植民《しょくみん》
移植《いしょく》

301 守《しゅ》備《び》は万《ばん》全《ぜん》、留《る》守《す》はしっかり守《まも》ります。

302 客《きゃく》室《しつ》の全《ぜん》員《いん》が、豪《ごう》華《か》客《きゃく》船《せん》の旅《りょ》客《かく》でした。

303 神《かみ》神《がみ》の神《しん》話《わ》を語《かた》る、神《じん》社《じゃ》の神《かん》主《ぬし》さんがいる。

304 委《い》任《にん》されている委《い》員《いん》と、委《い》細《さい》面《めん》談《だん》いたします。

305 植《しょく》林《りん》される植《うえ》木《き》は、未《み》来《らい》のために植《う》えられる。

306 投《とう》球《きゅう》数《すう》が百《ひゃく》十《じゅう》となって、投《とう》手《しゅ》は投《な》げ終《お》わった。

307 打《だ》倒《とう》強《きょう》敵《てき》と安《あん》打《だ》連《れん》発《ぱつ》、長《ちょう》打《だ》を打《う》ち上《あ》げた。

308 主《しゅ》婦《ふ》こそ家《か》庭《てい》の主《あるじ》、主《しゅ》人《じん》であってよい。

309 一《いっ》対《つい》の男《だん》女《じょ》の、一《いっ》対《たい》一《いち》の対《たい》人《じん》関《かん》係《けい》は重《じゅう》要《よう》です。

310 決《けっ》勝《しょう》戦《せん》には一《いち》大《だい》決《けっ》心《しん》をし、心《こころ》を決《き》めて臨《のぞ》んだ。

その他のことば

3年 **投** トウ なげる
投石《とうせき》 好投《こうとう》

3年 **打** ダ うつ
打開《だかい》 乱打《らんだ》

3年 **主** シュ ス㊫ ぬし おも
主張《しゅちょう》 君主《くんしゅ》

3年 **対** タイ ツイ㊥
対談《たいだん》 応対《おうたい》

3年 **決** ケツ きめる きまる
決行《けっこう》 決意《けつい》

浴　4年
ヨク
あびる
あびせる
その他のことば
海水浴《かいすいよく》
日光浴《にっこうよく》

結　4年
ケツ
むすぶ
ゆう(中)
ゆわえる(中)
結晶《けっしょう》
団結《だんけつ》

競　4年
キョウ
ケイ
きそう(中)
せる(高)
競争《きょうそう》
競走《きょうそう》

努　4年
ド
つとめる
努力家《どりょくか》

照　4年
ショウ
てる
てらす
てれる
照合《しょうごう》
対照《たいしょう》

311 大《だい》浴《よく》場《じょう》の浴《よく》室《しつ》で、入《にゅう》浴《よく》前《まえ》の湯《ゆ》を浴《あ》びた。

312 結《けつ》末《まつ》は、二《ふた》つを結《むす》びつけて結《けつ》論《ろん》づけた。

313 競《けい》馬《ば》馬《うま》が、競《きょう》売《ばい》で競《きそ》いあい、競《せ》り売《う》りされた。

314 努《ど》力《りょく》して歩《ある》くようにし、筋《きん》力《りょく》の保《ほ》持《じ》に努《つと》めた。

315 照《しょう》明《めい》に照《て》らし出《だ》され、額《ひたい》が照《て》るのに照《て》れている。

316 大《だい》失《しっ》敗《ぱい》して過《か》失《しっ》をみとめ、信《しん》望《ぼう》を失《うしな》った。

317 殺《さつ》意《い》はなかったにしろ、殺《ころ》しは殺《ころ》しなのです。

318 卒《そつ》業《ぎょう》式《しき》の最《さい》中《ちゅう》に、脳《のう》卒《そっ》中《ちゅう》で卒《そっ》倒《とう》したのです。

319 節《せっ》季《き》のお節《せち》料《りょう》理《り》は、時《じ》節《せつ》に合《あ》わせ工《く》夫《ふう》された。

320 試《ため》しに、その試《し》験《けん》を受《う》けてみるのも、試《こころ》みです。

その他のことば

4年 **失** シツ うしなう
失礼《しつれい》 損失《そんしつ》

4年 **殺** サツ サイ(高) セツ(高) ころす
殺人《さつじん》 毒殺《どくさつ》

4年 **卒** ソツ
新卒《しんそつ》 従卒《じゅうそつ》

4年 **節** セツ セチ(高) ふし
節分《せつぶん》 季節《きせつ》

4年 **試** シ こころみる ためす(中)
試合《しあい》 入試《にゅうし》

人《ひと》とのつきあい

線 2年
セン

その他のことば

線路《せんろ》
点線《てんせん》

毎 2年
マイ

毎月《まいつき》
毎晩《まいばん》

明 2年
メイ
ミョウ
あける
あかるい
あきらか

明鏡《めいきょう》
発明《はつめい》

活 2年
カツ

活用《かつよう》
快活《かいかつ》

話 2年
ワ
はなし
はなす

電話《でんわ》
会話《かいわ》

321 光《こう》線《せん》は直《ちょく》線《せん》だが、波《は》線《せん》は曲《きょく》線《せん》です。

322 毎《まい》日《にち》、毎《まい》朝《あさ》、毎《まい》回《かい》、毎《まい》度《ど》、同《おな》じあいさつです。

323 文《ぶん》明《めい》は照《しょう》明《めい》のように、人《じん》類《るい》に光《こう》明《みょう》をもたらした。

324 市《し》民《みん》の生《せい》活《かつ》は活《かっ》発《ぱつ》で、活《かっ》気《き》あり、活《かつ》動《どう》的《てき》だった。

325 話《わ》題《だい》は童《どう》話《わ》や民《みん》話《わ》から、秘《ひ》話《わ》にもおよんだ。

326 真《しん》情《じょう》、真《しん》意《い》の口《こう》述《じゅつ》と、写《しゃ》真《しん》とが、真《しん》相《そう》を告《つ》げる。

327 友《ゆう》好《こう》と友《ゆう》愛《あい》に基《もと》づく、交《こう》友《ゆう》を望《のぞ》む。

328 強《ごう》引《いん》な強《きょう》制《せい》はなかったと、強《つよ》く否《ひ》定《てい》している。

329 高《こう》山《ざん》植《しょく》物《ぶつ》を求《もと》めて、目《め》指《ざ》される高《たか》い山《やま》や高《こう》原《げん》。

330 星《ほし》までの遠《とお》い距《きょ》離《り》は、遠《えん》近《きん》感《かん》を越《こ》えている。

3年 **真** シン ま
その他のことば 真空《しんくう》 真綿《まわた》

2年 **友** ユウ とも
友情《ゆうじょう》 親友《しんゆう》

2年 **強** キョウ ゴウ㊥ つよい つよまる しいる㊥
強大《きょうだい》 強欲《ごうよく》

2年 **高** コウ たか たかい たかまる たかめる
高温《こうおん》 最高《さいこう》

2年 **遠** エン オン㊫ とおい
遠足《えんそく》 永遠《えいえん》

第《だい》三章《さんしょう》

身《み》のまわりのものからおぼえよう！

つな引《ひ》きも
地球《ちきゅう》の引力《いんりょく》も、
引力《いんりょく》は引力《いんりょく》です。

寒《かん》中《ちゅう》に、
寒《さむ》さにめげない
寒《かん》梅《ばい》が咲《さ》いている。

着《ちゃく》陸《りく》し、
宇《う》宙《ちゅう》服《ふく》を着《き》たまま、
基《き》地《ち》に帰《かえ》り着《つ》いた。

身《み》のまわりのもの

その他のことば

当 2年
トウ　あたる　あてる
当人《とうにん》　本当《ほんとう》

市 2年
シ　いち
市民《しみん》　都市《とし》

発 3年
ハツ　ホツ(中)
発表《はっぴょう》　始発《しはつ》

注 3年
チュウ　そそぐ
注文《ちゅうもん》　発注《はっちゅう》

記 2年
キ　しるす
記念《きねん》　暗記《あんき》

331 当《とう》面《めん》の見《けん》当《とう》だが、当《とう》分《ぶん》はこれが当《あ》たり前《まえ》です。

332 朝《あさ》市《いち》を見《み》て、当《とう》市《し》の物《ぶっ》産《さん》の市《し》価《か》がわかった。

333 その発《はっ》見《けん》と発《はつ》明《めい》から、開《かい》発《はつ》会《がい》社《しゃ》が発《ほっ》足《そく》した。

334 注《ちゅう》視《し》、注《ちゅう》目《もく》、注《ちゅう》意《い》が注《そそ》がれるなか、注《ちゅう》射《しゃ》された。

335 記《き》者《しゃ》は、記《き》事《じ》用《よう》の筆《ひっ》記《き》記《き》録《ろく》を、日《にっ》記《き》に記《しる》した。

336 楽《がく》音《おん》には、実《じつ》に多《た》様《よう》な音《おと》があり、音《おん》楽《がく》を作《つく》る。

337 音《おん》声《せい》には、地《じ》声《ごえ》、鼻《はな》声《ごえ》、肉《にく》声《せい》、笑《わら》い声《ごえ》なども ある。

338 大《だい》不《ふ》運《うん》の後《あと》、運《うん》勢《せい》好《こう》転《てん》し、万《ばん》事《じ》が運《うん》よく運《はこ》んだ。

339 つな引《ひ》きも地《ち》球《きゅう》の引《いん》力《りょく》も、引《いん》力《りょく》は引《いん》力《りょく》です。

340 詩《し》品《ひん》と言《い》い、詩《し》格《かく》と言《い》う、詩《し》の品《ひん》格《かく》を問《と》う。

その他のことば

学年	漢字	読み	その他のことば
1年	音	オン　イン㊥　おと　ね	音感《おんかん》　母音《ぼいん》
2年	声	セイ　ショウ㊌　こえ　こわ㊥	声望《せいぼう》　名声《めいせい》
3年	運	ウン　はこぶ	運転《うんてん》　幸運《こううん》
2年	引	イン　ひく　ひける	引火《いんか》　強引《ごういん》
3年	詩	シ	詩文《しぶん》　短詩《たんし》

和 3年
ワ
やわらぐ㊥
やわらげる㊥
なごむ㊥
なごやか㊥

その他のことば
和解《わかい》
調和《ちょうわ》

室 2年
シツ
むろ㊥

室温《しつおん》
教室《きょうしつ》

間 2年
カン
ケン
あいだ
ま

間断《かんだん》
世間《せけん》

近 2年
キン
ちかい

近因《きんいん》
最近《さいきん》

図 2年
ズ
ト
はかる㊥

図面《ずめん》
意図《いと》

341 和《わ》の字《じ》には、和《やわ》らぐ、和《なご》む、和《なご》やかの読《よ》みもある。

342 温《おん》室《しつ》や暗《あん》室《しつ》はシツですが、氷《ひ》室《むろ》はムロです。

343 間《かん》には、時《じ》間《かん》での間《あいだ》と、空《くう》間《かん》での間《あいだ》がある。

344 近《ちか》近《ぢか》おたずねし、近《きん》況《きょう》を報《ほう》告《こく》いたします。

345 図《と》書《しょ》館《かん》を図《ず》にえがく、許《きょ》可《か》を得《え》ようと図《はか》った。

346 公《こう》衆《しゅう》の面《めん》前《ぜん》で公《こう》開《かい》すると、公《こう》約《やく》した。

347 会《かい》社《しゃ》の支《し》社《しゃ》と同《どう》様《よう》に、神《じん》社《じゃ》にも分《ぶん》社《しゃ》がある。

348 幸《さいわ》い自《じ》分《ぶん》は幸《しあわ》せと言《い》える人《ひと》は、幸《こう》運《うん》なのです。

349 多《た》福《ふく》、多《た》幸《こう》であることを祝《しゅく》福《ふく》しましょう。

350 広《ひろ》場《ば》が、市《し》民《みん》集《しゅう》会《かい》の会《かい》場《じょう》になった。

		その他のことば
2年	公　コウ　おおやけ㊥	公然《こうぜん》　公園《こうえん》
2年	社　シャ　やしろ	社会《しゃかい》　入社《にゅうしゃ》
3年	幸　コウ　さいわい　しあわせ　さち㊥	幸福《こうふく》　多幸《たこう》
3年	福　フク	福徳《ふくとく》　大福《だいふく》
2年	場　ジョウ　ば	工場《こうじょう》　市場《いちば・しじょう》

表 3年
ヒョウ
おもて
あらわす
あらわれる

その他のことば
表現《ひょうげん》
発表《はっぴょう》

帳 3年
チョウ

帳面《ちょうめん》
手帳《てちょう》

氷 3年
ヒョウ
こおり
ひ㊫

氷山《ひょうざん》
流氷《りゅうひょう》

倍 3年
バイ

倍増《ばいぞう》
千倍《せんばい》

短 3年
タン
みじかい

短見《たんけん》
長短《ちょうたん》

351 目《め》印《じるし》が表《あらわ》している意《い》思《し》表《ひょう》示《じ》は、救《きゅう》援《えん》求《もと》むです。

352 帳《ちょう》の原《げん》意《い》は、とばりだが、覚《おぼ》え書《が》き帳《ちょう》ともなった。

353 冷《つめ》たい雨《あめ》は氷《ひ》雨《さめ》、氷《こおり》の貯《ちょ》蔵《ぞう》室《しつ》は氷《ひ》室《むろ》と呼《よ》ぶ。

354 倍《ばい》は二《ふた》つに分《わ》ける意《い》で、一《いち》の倍《ばい》が二《に》なのです。

355 短《たん》気《き》とは、すぐおこったりする気《き》短《みじか》のことです。

356 第《だい》は段《だん》階《かい》の意《い》味《み》なので、及《きゅう》第《だい》、落《らく》第《だい》がわかった。

357 一《いっ》丁《ちょう》目《め》はあちらですと、丁《てい》重《ちょう》に教《おし》えてくれた。

358 号《ごう》の意《い》味《み》はさけぶなので、号《ごう》泣《きゅう》、号《ごう》令《れい》もわかる。

359 相《そう》思《し》は思《おも》いあう意《い》だが、首《しゅ》相《しょう》の相《しょう》は大《だい》臣《じん》です。

360 央《おう》には半《はん》分《ぶん》の意《い》もあるが、中《ちゅう》央《おう》はマンナカです。

学年	漢字	読み	その他のことば
3年	第	ダイ	第一《だいいち》 次第《しだい》
3年	丁	チョウ テイ㊥	丁重《ていちょう》 包丁《ほうちょう》
3年	号	ゴウ	号外《ごうがい》 番号《ばんごう》
3年	相	ソウ ショウ㊥ あい	相対《そうたい》 真相《しんそう》
3年	央	オウ	中央区《ちゅうおうく》 中央線《ちゅうおうせん》

農
3年
ノウ

その他のことば
農村《のうそん》
農場《のうじょう》

君
3年
クン
きみ

君主《くんしゅ》
諸君《しょくん》

次
3年
ジ
シ㊥
つぎ
つぐ

次男《じなん》
次回《じかい》

筆
3年
ヒツ
ふで

筆談《ひつだん》
毛筆《もうひつ》

畑
3年
はた
はたけ

田畑《たはた・でんぱた》
茶畑《ちゃばたけ》

361 農《のう》家《か》に生《う》まれ、農《のう》業《ぎょう》をつぎ、農《のう》作《さく》物《ぶつ》を改《かい》良《りょう》した。

362 君《きみ》は君《くん》子《し》で、高《こう》徳《とく》の人《ひと》だと、細《さい》君《くん》に言《い》おう。

363 順《じゅん》次《じ》昇《しょう》進《しん》し続《つづ》けて、大《だい》臣《じん》に次《つ》ぐ次《じ》官《かん》になった。

364 さすが筆《ふで》で生《い》きる書《しょ》家《か》、運《うん》筆《ぴつ》の筆《ひっ》勢《せい》が違《ちが》う。

365 畑《はたけ》の字《じ》は、日《に》本《ほん》畑《ばたけ》育《そだ》ちの国《こく》産《さん》で、音《おん》読《よ》みがない。

366 石《せき》炭《たん》も木《もく》炭《たん》も、炭《すみ》を使《つか》う家《か》庭《てい》は少《すく》なくなった。

367 酒《さか》だるの美《び》酒《しゅ》をあけ、酒《しゅ》宴《えん》は盛《も》り上《あ》がった。

368 両《りょう》両《りょう》あいまってとは、全《まった》く両《りょう》者《しゃ》とものこと。

369 寒《かん》中《ちゅう》に、寒《さむ》さにめげない寒《かん》梅《ばい》が咲《さ》いている。

370 劇《げき》暑《しょ》の最《さ》中《なか》、暑《あつ》さ知《し》らずの当《とう》地《ち》へどうぞ。

3年 炭 タン すみ
その他のことば 炭田《たんでん》 炭火《すみび》

3年 酒 シュ さけ さか
酒席《しゅせき》 名酒《めいしゅ》

3年 両 リョウ
両親《りょうしん》 車両《しゃりょう》

3年 寒 カン さむい
寒天《かんてん》 防寒《ぼうかん》

3年 暑 ショ あつい
暑中《しょちゅう》 残暑《ざんしょ》

着 3年
チャク
ジャク㊫
きる
きせる
つく

その他のことば
着眼《ちゃくがん》
定着《ていちゃく》

服 3年
フク

服従《ふくじゅう》
衣服《いふく》

化 3年
カ
ケ㊥
ばける
ばかす

化石《かせき》
化身《けしん》

定 3年
テイ
ジョウ
さだめる
さだまる
さだか㊫

定見《ていけん》
決定《けってい》

住 3年
ジュウ
すむ
すまう

住民《じゅうみん》
定住《ていじゅう》

371 着《ちゃく》陸《りく》し、宇《う》宙《ちゅう》服《ふく》を着《き》たまま、基《き》地《ち》に帰《かえ》り着《つ》いた。

372 服《ふく》装《そう》は、和《わ》服《ふく》も洋《よう》服《ふく》も、上《じょう》手《ず》に着《き》こなしていた。

373 化《か》学《がく》は、科《か》学《がく》と違《ちが》うのだと、化《ば》け学《がく》とも呼《よ》ばれる。

374 予《よ》定《てい》をこれと定《さだ》めたからには、規《き》定《てい》を守《まも》ろう。

375 永《えい》住《じゅう》するのなら、住《す》みやすい住《じゅう》居《きょ》がほしい。

376 平《びょう》等《どう》院《いん》の良《よ》さは、左《さ》右《ゆう》均《きん》等《とう》で等《ひと》しい造《ぞう》形《けい》美《び》です。

377 話《わ》題《だい》は、題《だい》名《めい》をどうするかの、問《もん》題《だい》に終《しゅう》始《し》した。

378 刃《は》物《もの》を研《と》ぐことが、彼《かれ》には研《けん》磨《ま》の研《けん》究《きゅう》だった。

379 至《し》難《なん》の業《わざ》の難《なん》業《ぎょう》苦《く》業《ぎょう》と、わかってはいるのです。

380 始《し》終《じゅう》には、始《はじ》めから終《お》わりまでの意《い》もある。

その他のことば

3年 **等** トウ ひとしい
- 等身《とうしん》
- 同等《どうとう》

3年 **題** ダイ
- 題材《だいざい》
- 本題《ほんだい》

3年 **研** ケン とぐ㊥
- 研究室《けんきゅうしつ》
- 研修《けんしゅう》

3年 **業** ギョウ ゴウ㊢ わざ㊥
- 業績《ぎょうせき》
- 作業《さぎょう》

3年 **始** シ はじまる はじめる
- 始発《しはつ》
- 開始《かいし》

世《よ》の中《なか》のしくみ

王 1年 オウ

その他のことば：王位《おうい》　女王《じょうおう》

国 2年 コク くに

国産《こくさん》　母国《ぼこく》

内 2年 ナイ ダイ㊥ うち

内心《ないしん》　内気《うちき》

先 1年 セン さき

先見《せんけん》　先生《せんせい》

年 1年 ネン とし

年輪《ねんりん》　新年《しんねん》

381 国《こく》王《おう》のほか、王《おう》后《こう》、王《おう》子《じ》、王《おう》女《じょ》、王《おう》孫《そん》が出《で》迎《むか》えた。

382 国《くに》を州《しゅう》のように、国《こく》連《れん》を国《くに》のようにしたい。

383 身《み》内《うち》同《どう》士《し》の内《ない》乱《らん》となり、国《こく》内《ない》が割《わ》れた。

384 同《どう》門《もん》の先《せん》ぱいを、先《せん》進《しん》とも、先《せん》達《だつ》とも呼《よ》ぶ。

385 年《ねん》年《ねん》歳《さい》歳《さい》とは、毎《まい》年《とし》毎《まい》年《とし》のことです。

386 談《だん》合《ごう》も合《がっ》体《たい》も、和《わ》合《ごう》し合《あ》う点《てん》では良《よ》い。

387 同《どう》時《じ》同《どう》感《かん》の感《かん》動《どう》は、一《いち》同《どう》同《おな》じ同《どう》情《じょう》心《しん》からでした。

388 気《き》が早《はや》い人《ひと》は、早《そう》朝《ちょう》に起《お》き早《はや》く出《で》て行《ゆ》く。

389 田《た》中《なか》、山《やま》田《だ》、本《ほん》田《だ》など、田《た》の字《じ》の名《みょう》字《じ》は多《おお》い。

390 円《えん》の円《まる》いは平《へい》面《めん》的《てき》で、丸《まる》いは球《きゅう》形《けい》なのです。

その他のことば

合 2年
ゴウ ガッ あう あわす あわせる
合格《ごうかく》 合作《がっさく》

同 2年
ドウ おなじ
同点《どうてん》 同意《どうい》

早 1年
ソウ サッ㊥ はやい はやまる はやめる
早春《そうしゅん》 早口《はやくち》

田 1年
デン た
田楽《でんがく》 青田《あおた》

円 1年
エン まるい
円満《えんまん》 半円《はんえん》

新 2年
シン
あたらしい
あらた
にい㊥
その他のことば
新聞《しんぶん》
最新《さいしん》

週 2年
シュウ
週間《しゅうかん》
週末《しゅうまつ》

半 2年
ハン
なかば
半分《はんぶん》
夜半《やはん》

曜 2年
ヨウ
曜日《ようび》
九曜《くよう》

今 2年
コン
キン㊥
いま
今月《こんげつ》
今上《きんじょう》

391 新《しん》参《ざん》だが、新《しん》進《しん》気《き》鋭《えい》の、自《じ》説《せつ》を曲《ま》げない新《しん》人《じん》です。

392 先《せん》週《しゅう》も、今《こん》週《しゅう》も、来《らい》週《しゅう》も、週《しゅう》一《いっ》回《かい》、週《しゅう》報《ほう》が出《で》る。

393 半《はん》月《げつ》は半《はん》円《えん》形《けい》の月《つき》、半《はん》月《つき》はほぼ二《に》週《しゅう》間《かん》です。

394 日《にち》・月《げつ》曜《よう》と火《か》水《すい》木《もく》金《きん》土《ど》曜《よう》を、七《しち》曜《よう》という。

395 今《いま》若《わか》者《もの》は、今《こん》日《にち》ただ今《いま》の、重《じゅう》大《だい》事《じ》に出《で》会《あ》う。

396 京《きょう》都《と》から東《とう》上《じょう》し、京《けい》浜《ひん》を経《へ》て、東《とう》京《きょう》に着《つ》いた。

397 美《び》声《せい》で美《うつく》しく、美《び》質《しつ》十《じゅう》分《ぶん》の美《び》女《じょ》なのです。

398 形《かたち》には、円《えん》形《けい》、方《ほう》形《けい》、三《さん》角《かく》形《けい》、球《きゅう》形《けい》などもある。

399 前《ぜん》後《ご》左《さ》右《ゆう》の前《ぜん》は場《ば》所《しょ》を、午《ご》前《ぜん》の前《ぜん》は時《とき》を示《しめ》す。

400 除《じょ》外《がい》はもっての外《ほか》と、予《よ》定《てい》から外《はず》した。

その他のことば

2年 京 キョウ ケイ㊥
京風《きょうふう》 上京《じょうきょう》

3年 美 ビ うつくしい
美談《びだん》 美化《びか》

2年 形 ケイ ギョウ かたち かた
形状《けいじょう》 人形《にんぎょう》

2年 前 ゼン まえ
前人《ぜんじん》 寸前《すんぜん》

2年 外 ガイ ゲ㊥ そと ほか はずす
外面《がいめん》 内外《ないがい》

係 3年
ケイ かかり かかる

その他のことば

係員《かかりいん》
進行係《しんこうがかり》

銀 3年
ギン

銀行《ぎんこう》
水銀《すいぎん》

章 3年
ショウ

校章《こうしょう》
記章《きしょう》

族 3年
ゾク

家族《かぞく》
水族館《すいぞくかん》

者 3年
シャ もの

医者《いしゃ》
役者《やくしゃ》

401 同《どう》業《ぎょう》という連《れん》係《けい》はあるものの、関《かん》係《けい》はない。

402 銀《ぎん》座《ざ》は、徳《とく》川《がわ》幕《ばく》府《ふ》直《ちょっ》轄《かつ》の、銀《ぎん》貨《か》鋳《ちゅう》造《ぞう》所《しょ》であった。

403 楽《がく》章《しょう》は楽《がっ》曲《きょく》の、文《ぶん》章《しょう》は文《ぶん》脈《みゃく》内《ない》の、一《ひと》区《く》切《ぎ》りです。

404 同《おな》じ血《けつ》族《ぞく》の人《ひと》が一《いち》族《ぞく》で、同《どう》族《ぞく》の全《ぜん》員《いん》が民《みん》族《ぞく》です。

405 強《つよ》い者《もの》が弱《じゃく》者《しゃ》を励《はげ》ます、社《しゃ》会《かい》であってほしい。

406 温《おん》故《こ》知《ち》新《しん》は、古《ふる》きを温《あたた》めて新《あたら》しきを知《し》るです。

407 局《きょく》面《めん》をにらんで対《たい》局《きょく》し、終《しゅう》局《きょく》で大《だい》逆《ぎゃく》転《てん》を招《まね》いた。

408 下《か》級《きゅう》、中《ちゅう》級《きゅう》、上《じょう》級《きゅう》をへて、最《さい》高《こう》級《きゅう》にのぼりつめた。

409 パリ経《けい》由《ゆ》、ローマで自《じ》由《ゆう》行《こう》動《どう》の由《よし》、楽《たの》しみです。

410 命《いのち》が伸《の》びて、五〇は短《たん》命《めい》、八〇でも平《へい》均《きん》寿《じゅ》命《みょう》です。

その他のことば

3年 **温** オン あたたか あたたかい あたたまる あたためる
温暖《おんだん》 体温《たいおん》

3年 **局** キョク
局長《きょくちょう》 大局《たいきょく》

3年 **級** キュウ
級友《きゅうゆう》 学級《がっきゅう》

3年 **由** ユ ユウ ユイ㊢ よし㊢
由来《ゆらい》 理由《りゆう》

3年 **命** メイ ミョウ㊥ いのち
命令《めいれい》 長命《ちょうめい》

関 4年
カン
せき
その他のことば
関知《かんち》
機関《きかん》

求 4年
キュウ
もとめる
求人《きゅうじん》
探求《たんきゅう》

全 3年
ゼン
まったく
全然《ぜんぜん》
完全《かんぜん》

反 3年
ハン
タン㊥
ホン㊭
そる
そらす
反感《はんかん》
背反《はいはん》

進 3年
シン
すすむ
すすめる
進行《しんこう》
発進《はっしん》

411 関《かん》心《しん》と関《かん》係《けい》もあって、　県《けん》境《ざかい》の関《せき》所《しょ》を訪《たず》ねた。

412 住《じゅう》民《みん》の、　あらゆる要《よう》求《きゅう》や追《つい》求《きゅう》を、　探《さが》し求《もと》めた。

413 全《ぜん》知《ち》全《ぜん》能《のう》者《しゃ》と言《い》えば、　それは完《かん》全《ぜん》な神《かみ》様《さま》です。

414 反《はん》逆《ぎゃく》も、　謀《む》反《ほん》も、　離《り》反《はん》もなく、　王《おう》の治《ち》世《せい》は終《おわ》った。

415 進《すす》むことには、　前《ぜん》進《しん》も、　急《きゅう》進《しん》も、　突《とっ》進《しん》もある。

416 栄《は》えある栄《えい》光《こう》に輝《かがや》き、栄《さか》えた都《みやこ》でした。

417 推《すい》挙《きょ》され、挙《きょ》手《しゅ》で応《おう》じたのは、快《かい》挙《きょ》でした。

418 量《りょう》産《さん》された、大《たい》量《りょう》の新《しん》製《せい》品《ひん》が、量《はか》り売《う》りされた。

419 衣《い》料《りょう》も食《しょく》料《りょう》も、ここでは無《む》料《りょう》です。

420 印《いん》肉《にく》で認《みと》め印《いん》を押《お》し、承《しょう》認《にん》の印《しるし》とした。

4年 **栄** エイ さかえる はえ(高) はえる(高)
その他のことば 栄養《えいよう》 光栄《こうえい》

4年 **挙** キョ あげる あがる
挙式《きょしき》 選挙《せんきょ》

4年 **量** リョウ はかる
量感《りょうかん》 計量《けいりょう》

4年 **料** リョウ
料金《りょうきん》 給料《きゅうりょう》

4年 **印** イン しるし
印刷《いんさつ》 目印《めじるし》

健康《けんこう》とくらし

その他のことば

昭 3年 ショウ
昭光《しょうこう》 明昭《めいしょう》

他 3年 タ
他言《たごん》 自他《じた》

薬 3年 ヤク くすり
薬草《やくそう》 製薬《せいやく》

油 3年 ユ あぶら
油田《ゆでん》 灯油《とうゆ》

勉 3年 ベン
勉学《べんがく》 勉強机《べんきょうづくえ》

421 昭《しょう》は明《あき》らかの意《い》で、昭《しょう》和《わ》は明《あき》らかで和《なご》やかです。

422 他《た》山《ざん》の石《いし》とは、他《た》人《にん》の言《げん》動《どう》も教《きょう》訓《くん》とする意《い》です。

423 薬《くすり》には、良《りょう》薬《やく》も毒《どく》薬《やく》もあるので、要《よう》注《ちゅう》意《い》です。

424 油《あぶら》が切《き》れたら命《いのち》がないぞと言《い》われ、油《ゆ》断《だん》大《たい》敵《てき》です。

425 勤《きん》勉《べん》も勉《べん》強《きょう》も、度《ど》をこすと、病《びょう》気《き》になる。

426 暗《あん》中《ちゅう》飛《ひ》躍《やく》、暗《あん》殺《さつ》、暗《あん》涙《るい》、みな人《ひと》知《し》れない行《こう》為《い》です。

427 安《あん》全《ぜん》、安《あん》心《しん》、安《あん》静《せい》の中《なか》で、安《やす》らかに憩《いこ》いたい。

428 死《し》ぬか生《い》きるかの、まさに死《し》活《かつ》問《もん》題《だい》なのです。

429 担《たん》当《とう》医《い》師《し》は、名《めい》医《い》で知《し》られる、女《じょ》医《い》さんです。

430 病《びょう》源《げん》を究《きわ》める、究《きゅう》極《きょく》の究《きゅう》明《めい》が、要《よう》求《きゅう》された。

その他のことば

3年 暗 アン くらい
暗算《あんざん》 明暗《めいあん》

3年 安 アン やすい
安定《あんてい》 平安《へいあん》

3年 死 シ しぬ
死生《しせい》 必死《ひっし》

3年 医 イ
医院《いいん》 校医《こうい》

3年 究 キュウ きわめる㊥
究問《きゅうもん》 研究《けんきゅう》

意 3年
イ
その他のことば
意味《いみ》
注意《ちゅうい》

配 3年
ハイ
くばる
配列《はいれつ》
支配《しはい》

問 3年
モン
とう
とい
問答《もんどう》
学問《がくもん》

救 4年
キュウ
すくう
救助《きゅうじょ》
救命《きゅうめい》

具 3年
グ
具体的《ぐたいてき》
道具《どうぐ》

431 意《い》外《がい》な問《と》いにも、良《よ》い意《い》見《けん》を用《よう》意《い》して答《こた》えたい。

432 何《なに》が配《くば》られ、配《はい》達《たつ》されてくるかが心《しん》配《ぱい》です。

433 問《もん》題《だい》が山《さん》積《せき》し、厳《きび》しく問《と》う質《しつ》問《もん》が集《しゅう》中《ちゅう》した。

434 救《きゅう》急《きゅう》車《しゃ》がかけつけ救《きゅう》出《しゅつ》に成《せい》功《こう》、命《いのち》を救《すく》った。

435 どの器《き》具《ぐ》も工《こう》具《ぐ》も、具《ぐ》合《あい》が良《よ》くて助《たす》かった。

436 取《しゅ》材《ざい》だが、取《しゅ》得《とく》の仕《し》方《かた》がうばい取《と》るようでした。

437 季《き》節《せつ》ごとに、四《し》季《き》それぞれの季《き》語《ご》があります。

438 病《びょう》気《き》には、肉《にく》体《たい》の病《やまい》のほかに、気《き》の病《やまい》がある。

439 員《いん》数《ずう》不《ぶ》足《そく》で、人《じん》員《いん》集《あつ》めに熱《ねっ》中《ちゅう》し、定《てい》員《いん》にした。

440 負《ふ》傷《しょう》者《しゃ》は傷《きず》を負《お》う人《ひと》、痛《いた》みに負《ま》けるなよ。

その他のことば

3年 **取** シュ とる
採取《さいしゅ》 進取《しんしゅ》

4年 **季** キ
季題《きだい》 雨季《うき》

3年 **病** ビョウ ヘイ㊫ やまい やむ㊥
病人《びょうにん》 重病《じゅうびょう》

3年 **員** イン
全員《ぜんいん》 教員《きょういん》

3年 **負** フ まける まかす おう
負担《ふたん》 勝負《しょうぶ》

気《き》持《も》ちをあらわす

拾 3年
シュウ㊥
ジュウ㊥
ひろう

その他のことば
収拾《しゅうしゅう》

重 3年
ジュウ
チョウ
おもい
かさねる
かさなる

重大《じゅうだい》
尊重《そんちょう》

荷 3年
カ㊥
に

荷台《にだい》
入荷《にゅうか》

苦 3年
ク
くるしい
くるしむ
くるしめる
にがい

苦心《くしん》
労苦《ろうく》

商 3年
ショウ
あきなう㊥

商人《しょうにん》
商店《しょうてん》

441 拾《ひろ》ったその拾《じゅう》万《まん》円《えん》を、拾《しゅう》得《とく》物《ぶつ》として届《とど》けた。

442 重《おも》い重《じゅう》箱《ばこ》を、丁《てい》重《ちょう》に三《みっ》つ重《かさ》ねて差《さ》し出《だ》した。

443 重《おも》い荷《に》物《もつ》の出《しゅっ》荷《か》がふえ、荷《に》車《ぐるま》が不《ふ》足《そく》した。

444 苦《く》労《ろう》も苦《くる》しみも、苦《にが》い薬《くすり》だったと思《おも》いましょう。

445 あきずに、商《しょう》売《ばい》し続《つづ》けることを、商《あきな》いと呼《よ》ぶ。

446 整《せい》理《り》整《せい》とんし、調《ちょう》整《せい》し終《お》えて部《へ》屋《や》が整《ととの》った。

447 悲《ひ》劇《げき》の悲《ひ》歌《か》にうたれ、悲《かな》しみを新《あら》たにした。

448 水《みず》が火《ひ》を消《け》し、速《はや》い消《しょう》火《か》活《かつ》動《どう》で、ほのおは消《き》えた。

449 乗《じょう》客《きゃく》全《ぜん》員《いん》が乗《じょう》馬《ば》を試《こころ》み、静《しず》かに馬《うま》に乗《の》った。

450 追《つい》加《か》者《しゃ》も加《くわ》わって、参《さん》加《か》者《しゃ》がみな楽《たの》しめた。

その他のことば

3年 整 セイ ととのえる ととのう
整形《せいけい》 整数《せいすう》

3年 悲 ヒ かなしい かなしむ
悲鳴《ひめい》 悲観《ひかん》

3年 消 ショウ きえる けす
消化《しょうか》 消費《しょうひ》

3年 乗 ジョウ のる のせる
乗船《じょうせん》 乗車《じょうしゃ》

4年 加 カ くわえる くわわる
加入《かにゅう》 増加《ぞうか》

低 108

愛 4年　アイ
その他のことば　愛情（あいじょう）　友愛（ゆうあい）

喜 4年　キ　よろこぶ
喜色（きしょく）　悲喜（ひき）

泣 4年　キュウ㊥　なく
号泣（ごうきゅう）

笑 4年　ショウ㊥　わらう　えむ㊥
笑声（しょうせい）　笑顔（えがお）

祝 4年　シュク　シュウ㊙　いわう
祝福（しゅくふく）　祝電（しゅくでん）

451 愛（あい）らしい、その少女（しょうじょ）への愛（あい）は、親愛（しんあい）の愛（あい）でした。

452 あの喜劇（きげき）での喜（よろこ）びの場面（ばめん）は、歓喜（かんき）の爆発（ばくはつ）です。

453 泣（な）き虫（むし）の彼女（かのじょ）は感泣（かんきゅう）し、泣（な）き声（ごえ）をあげた。

454 失笑（しっしょう）は、吹（ふ）き出（だ）す笑（わら）いで、ほほ笑（え）みではない。

455 祝日（しゅくじつ）を祝（いわ）って、祝言（しゅうげん）が述（の）べられた。

456 全《ぜん》身《しん》好《こう》調《ちょう》で、好《この》みの競《きょう》技《ぎ》を好《す》きなだけできる。

457 念《ねん》には念《ねん》を入《い》れたのに、失《しっ》念《ねん》して残《ざん》念《ねん》です。

458 念《ねん》願《がん》で、悲《ひ》願《がん》でもあった願《ねが》いが、かなった。

459 自《じ》信《しん》はゆらいでも、信《しん》念《ねん》と信《しん》心《じん》は変《か》わらない。

460 真《しん》の希《き》望《ぼう》を言《い》えば、この望《のぞ》みこそ本《ほん》望《もう》です。

4年 好 コウ このむ すく
その他のことば 好物《こうぶつ》 友好《ゆうこう》

4年 念 ネン
念力《ねんりき》 記念《きねん》

4年 願 ガン ねがう
願書《がんしょ》 志願《しがん》

4年 信 シン
信号《しんごう》 音信《おんしん》

4年 望 ボウ モウ㊥ のぞむ
望郷《ぼうきょう》 失望《しつぼう》

社《しゃ》会《かい》の動《うご》き

その他のことば

元 2年
ゲン ガン もと
元気《げんき》 元日《がんじつ》

番 2年
バン
番号《ばんごう》 当番《とうばん》

悪 3年
アク オ(高) わるい
悪運《あくうん》 悪寒《おかん》

期 3年
キ ゴ(高)
期間《きかん》 最期《さいご》

鉄 3年
テツ
鉄路《てつろ》 砂鉄《さてつ》

461 元《もと》に戻《もど》すのは復《ふく》元《げん》、年《ねん》号《ごう》の更《こう》新《しん》は改《かい》元《げん》です。

462 番《ばん》を含《ふく》む語《ご》で、一《いち》番《ばん》好《す》きな番《ばん》は、茶《ちゃ》番《ばん》の番《ばん》です。

463 悪《あく》には、善《ぜん》悪《あく》の悪《あく》と、好《こう》悪《お》の憎《にく》む意《い》の悪《あく》がある。

464 期《き》にある待《ま》つの意《い》から、予《よ》期《き》や期《き》待《たい》の語《ご》もある。

465 鉄《てつ》面《めん》皮《ぴ》は、鉄《てつ》のような面《つら》の皮《かわ》、はじ知《し》らずのこと。

466 秒《びょう》針《しん》が、寸《すん》秒《びょう》も、分《ふん》秒《びょう》も、毎《まい》秒《びょう》をきざむ。

467 有《う》耶《や》無《む》耶《や》も、有《ゆう》名《めい》無《む》実《じつ》も、有《あ》ってはならない。

468 予《よ》感《かん》はしても、予《よ》見《けん》、予《よ》想《そう》、予《よ》測《そく》、予《よ》断《だん》は難《むずか》しい。

469 様《さま》様《ざま》な様《さま》変《が》わりで、様《よう》子《す》の変《へん》化《か》が多《た》様《よう》です。

470 終《しゅう》日《じつ》、安《あん》全《ぜん》運《うん》転《てん》に終《しゅう》始《し》し、終《しゅう》点《てん》で運《うん》転《てん》を終《お》えた。

その他のことば

3年 **秒** ビョウ
秒速《びょうそく》 一秒《いちびょう》

3年 **有** ユウ ウ㊥ ある
有力《ゆうりょく》 有無《うむ》

3年 **予** ヨ
予定《よてい》 予習《よしゅう》

3年 **様** ヨウ さま
様式《ようしき》 一様《いちよう》

3年 **終** シュウ おわる おえる
終刊《しゅうかん》 最終《さいしゅう》

低 1 1 2

養 4年
ヨウ
やしなう

その他のことば
養成《ようせい》
教養《きょうよう》

老 4年
ロウ
おいる
ふける㊋

老練《ろうれん》
長老《ちょうろう》

省 4年
セイ
ショウ
はぶく
かえりみる㊥

外務省《がいむしょう》
帰省《きせい》

察 4年
サツ

視察《しさつ》
観察《かんさつ》

働 4年
ドウ
はたらく

実働《じつどう》

471 養《よう》育《いく》とは、必《ひつ》要《よう》な養《よう》分《ぶん》を与《あた》えて養《やしな》うことです。

472 老《ろう》人《じん》の、老《ふ》けた老《お》いの目《め》にも、涙《なみだ》があふれた。

473 反《はん》省《せい》は省《かえり》みることで、省《しょう》略《りゃく》は省《はぶ》くことです。

474 警《けい》察《さつ》は早《はや》くも察《さっ》知《ち》し、手《て》口《ぐち》を考《こう》察《さつ》しだした。

475 労《ろう》働《どう》者《しゃ》が稼《か》働《どう》させた機《き》械《かい》が、働《はたら》き始《はじ》めました。

476 反《はん》戦《せん》を唱《とな》える団《だん》体《たい》の合《がっ》唱《しょう》が、輪《りん》唱《しょう》に変《か》わった。

477 訓《くん》練《れん》と訓《くん》示《じ》から、多《おお》くの教《きょう》訓《くん》が得《え》られた。

478 議《ぎ》員《いん》の選《せん》挙《きょ》で、当《とう》選《せん》者《しゃ》十《じゅう》五《ご》人《にん》が選《えら》ばれた。

479 共《きょう》通《つう》の問《もん》題《だい》を、共《きょう》同《どう》で研《けん》究《きゅう》し、苦《く》楽《らく》を共《とも》にした。

480 協《きょう》力《りょく》し、協《きょう》議《ぎ》を重《かさ》ねて、協《きょう》同《どう》組《くみ》合《あい》がつくられた。

その他のことば

4年 **唱** ショウ　となえる
唱歌《しょうか》　歌唱《かしょう》

4年 **訓** クン
訓読《くんどく》　音訓《おんくん》

4年 **選** セン　えらぶ
選手《せんしゅ》　落選《らくせん》

4年 **共** キョウ　とも
共感《きょうかん》　公共《こうきょう》

4年 **協** キョウ
協会《きょうかい》　協調《きょうちょう》

感 3年 カン
その他のことば
感動《かんどう》 同感《どうかん》

覚 4年 カク おぼえる さめる さます
感覚《かんかく》 発覚《はっかく》

議 4年 ギ
議会《ぎかい》 議論《ぎろん》

欠 4年 ケツ かける かく
欠損《けっそん》 病欠《びょうけつ》

害 4年 ガイ
害毒《がいどく》 冷害《れいがい》

481 人《にん》間《げん》は万《ばん》感《かん》を痛《つう》感《かん》する、感《かん》情《じょう》の生《い》き物《もの》なのです。

482 視《し》覚《かく》を失《うしな》えば、目《め》が覚《さ》めなくなるのだろうか。

483 会《かい》議《ぎ》と協《きょう》議《ぎ》と談《だん》議《ぎ》と論《ろん》議《ぎ》と、どう違《ちが》うのか。

484 あくびは欠《あ》伸《くび》と書《か》くが、欠《けつ》一《いち》字《じ》でアクビとも読《よ》む。

485 本《ほん》当《とう》は被《ひ》害《がい》者《しゃ》である、嘘《うそ》の加《か》害《がい》者《しゃ》を出《だ》すな。

心《しん》労《ろう》も苦《く》労《ろう》も重《かさ》ねた、労《ろう》作《さく》だけのことはある。 486

努《ど》力《りょく》の果《は》ての結《けっ》果《か》が、効《こう》果《か》を発《はっ》揮《き》しだした。 487

大《たい》漁《りょう》にわく漁《ぎょ》港《こう》で、漁《りょう》師《し》たちが大《おお》忙《いそが》しです。 488

利《り》益《えき》の利《り》と違《ちが》い、水《すい》利《り》の利《り》はすんなり運《はこ》ぶです。 489

令《れい》には清《きよ》らかの意《い》があり、令《れい》夫《ふ》人《じん》、令《れい》嬢《じょう》とも言《い》う。 490

その他のことば

労 4年 ロウ
労苦《ろうく》
労力《ろうりょく》

果 4年 カ はたす はてる はて
果然《かぜん》
成果《せいか》

漁 4年 ギョ リョウ
漁業《ぎょぎょう》
不漁《ふりょう》

利 4年 リ きく(高)
利便《りべん》
便利《べんり》

令 4年 レイ
令色《れいしょく》
号令《ごうれい》

その他のことば

停 4年
テイ
停戦《ていせん》
停止《ていし》

戦 4年
セン
たたかう
いくさ㊥
戦線《せんせん》
苦戦《くせん》

例 4年
レイ
たとえる
例文《れいぶん》
先例《せんれい》

辞 4年
ジ
やめる㊥
辞典《じてん》
式辞《しきじ》

象 4年
ショウ
ゾウ
象眼《ぞうがん》
印象《いんしょう》

491 停《てい》電《でん》のせいで、電《でん》車《しゃ》はただいま、停《てい》車《しゃ》中《ちゅう》です。

492 戦《たたか》いに敗《やぶ》れ、負《ま》け戦《いくさ》の戦《せん》争《そう》犯《はん》罪《ざい》人《にん》にされた。

493 例《たと》えば彼《かれ》の場《ば》合《あい》、前《ぜん》例《れい》のない新《しん》記《き》録《ろく》を出《だ》した。

494 辞《じ》表《ひょう》を提《てい》出《しゅつ》し辞《や》めるとは、驚《きょう》嘆《たん》の辞《じ》任《にん》劇《げき》です。

495 象《ぞう》の字《じ》は、ゾウの姿《すがた》を描《えが》いた、象《しょう》形《けい》文《も》字《じ》です。

496 まわりを包《つつ》むように取《と》り巻《ま》くのが、包《ほう》囲《い》です。

497 改《かい》善《ぜん》の改《あらた》むは、新《あら》たむ意《い》で、やり直《なお》すことです。

498 見《み》渡《わた》す意《い》の観《かん》の、観《かん》光《こう》旅《りょ》行《こう》も楽《らっ》観《かん》もしたいです。

499 修《しゅ》験《げん》僧《そう》も、きびしい受《じゅ》験《けん》を体《たい》験《けん》している。

500 賞《しょう》状《じょう》も、賞《しょう》金《きん》も、素《す》直《なお》に賞《しょう》をもらいましょう。

その他のことば

4年 包 ホウ つつむ
包帯《ほうたい》 包丁《ほうちょう》

4年 改 カイ あらたまる あらためる
改心《かいしん》 改修《かいしゅう》

4年 観 カン
観念《かんねん》 達観《たっかん》

4年 験 ケン ゲン㊫
験算《けんざん》 経験《けいけん》

4年 賞 ショウ
賞賛《しょうさん》 受賞《じゅしょう》

この一覧《いちらん》の見方《みかた》

●漢字《かんじ》は学年《がくねん》ごとに、音読《おんよ》みの50音順《おんじゅん》にならべてあります。

●カタカナは音読《おんよ》み、ひらがなは訓読《くんよ》みです。訓読《くんよ》みの太字《ふとじ》は送《おく》りがなです。

●㊥は中学校《ちゅうがっこう》で学習《がくしゅう》する読《よ》み、㊫は高校《こうこう》で学習《がくしゅう》する読《よ》み、――は特別《とくべつ》な読《よ》みです。

●数字《すうじ》は例文《れいぶん》の掲載《けいさい》ページです。低《てい》は『低《てい》学年《がくねん》向《む》け』の本《ほん》の、高《こう》は『高学年《こうがくねん》向《む》け』の本《ほん》の掲載《けいさい》ページです。

1年《ねん》生《せい》で学《がく》習《しゅう》する80字《じ》

イ	一	イチ イツ ひと ひと**つ**	低14
ウ	右	ウ ユウ みぎ	低19
	雨	ウ あめ ｜あま	低35
エ	円	エン まる**い**	低95
オ	王	オウ	低94
	音	オン イン㊥ おと ね	低85
カ	下	カ・ゲ／した・しも さ**げる**・さ**がる** くだ**る**・くだ**す** くだ**さる**・お**ろす** お**りる**・もと㊥	低19
	火	カ ひ ほ㊫	低40
	花	カ はな	低23
	貝	かい	低21
	学	ガク まな**ぶ**	低43
キ	気	キ ケ	低35
	九	キュウ ク ここの ここの**つ**	低15
	休	キュウ やす**む** やす**まる** やす**める**	低45
	玉	ギョク たま	低66
	金	キン コン かね かな	低41
ク	空	クウ そら・から あ**く** あ**ける**	低33
ケ	月	ゲツ ガツ つき	低40
	犬	ケン いぬ	低20
	見	ケン み**る** み**える** み**せる**	低42

音	漢字	読み	低
コ	五	ゴ / いつ / いつつ	低14
	口	コウ / ク / くち	低24
	校	コウ	低55
サ	左	サ / ひだり	低19
	三	サン / み / みつ / みっつ	低14
	山	サン / やま	低38
シ	子	シ / ス / こ	低42
	四	シ / よ・よつ / よっつ / よん	低14
	糸	シ / いと	低66
	字	ジ / あざ㊥	低54
	耳	ジ㊥ / みみ	低24
	七	シチ / なな / ななつ / なの	低15
	車	シャ / くるま	低66
	手	シュ / て / た㊥	低24
	十	ジュウ / ジッ / とお / と	低15
	出	シュツ / スイ㊥ / でる / だす	低44
	女	ジョ・ニョ㊥ / ニョウ(高) / おんな / め㊥	低16
	小	ショウ / ちいさい / こ / お	低29
	上	ジョウ・ショウ(高) / うえ・うわ・かみ / あげる・あがる / のぼる・のぼせる㊥・のぼす㊥	低19
	森	シン / もり	低22
	人	ジン / ニン / ひと	低16
ス	水	スイ / みず	低40
セ	正	セイ・ショウ / ただしい / ただす / まさ	低55
	生	セイ・ショウ / いきる・いかす・いける・うむ・うまれる・はえる / なま・はやす / おう㊥・き㊥	低45
	青	セイ / ショウ(高) / あお / あおい	低32
	夕	セキ㊥ / ゆう	低36
	石	セキ / シャク / コク㊥ / いし	低41
	赤	セキ・シャク(高) / あか・あかい / あからむ / あからめる	低32
	千	セン / ち	低28
	川	セン㊥ / かわ	低39
	先	セン / さき	低94
ソ	早	ソウ・サッ㊥ / はやい / はやまる / はやめる	低95

	草	ソウ／くさ	低 23
	足	ソク／あし／た**りる**・た**る**／た**す**	低 24
	村	ソン／むら	低 28
タ	大	ダイ・タイ／おお／おお**きい**／おお**いに**	低 29
	男	ダン／ナン／おとこ	低 16
チ	竹	チク／たけ	低 22
	中	チュウ／なか	低 29
	虫	チュウ／むし	低 21
	町	チョウ／まち	低 28
テ	天	テン／あま／あめ(高)	低 35
	田	デン／た	低 95
ト	土	ド／ト／つち	低 40
ニ	二	ニ／ふた／ふた**つ**	低 14
	日	ニチ／ジツ／ひ／か	低 40
	入	ニュウ／い**る**／い**れる**／はい**る**	低 45
ネ	年	ネン／とし	低 94
ハ	白	ハク／ビャク(高)／しろ・しら／しろ**い**	低 32
	八	ハチ／や・や**つ**／やっ**つ**／よう	低 15
ヒ	百	ヒャク	低 28
フ	文	ブン／モン／ふみ(中)	低 54
ホ	木	ボク／モク／き／こ	低 22
	本	ホン／もと	低 54
メ	名	メイ／ミョウ／な	低 54
モ	目	モク／ボク(中)／め／ま(高)	低 24
リ	立	リツ／リュウ(高)／た**つ**／た**てる**	低 44
	力	リョク／リキ／ちから	低 71
	林	リン／はやし	低 22
ロ	六	ロク／む・む**つ**／むっ**つ**／むい	低 15

2年《ねん》生《せい》で学《がく》習《しゅう》する160字《じ》

イ		
引	イン ひ**く** ひ**ける**	低85
ウ		
羽	ウ㊥ は はね	低67
雲	ウン くも	低37
エ		
園	エン その㊥	低48
遠	エン オン㊢ とお**い**	低80
カ		
何	カ㊥ なに なん	低30
科	カ	低30
夏	カ ゲ㊥ なつ	低34
家	カ ケ いえ や	低48
歌	カ うた うた**う**	低56
画	ガ カク	低59
回	カイ エ㊢ まわ**る** まわ**す**	低61
会	カイ エ㊢ あ**う**	低61
海	カイ うみ	低33
絵	カイ エ	低59
外	ガイ・ゲ㊥ そと・ほか はず**す** はず**れる**	低97
角	カク かど つの	低29
楽	ガク ラク たの**しい** たの**しむ**	低56
活	カツ	低80
間	カン ケン あいだ ま	低86
丸	ガン まる まる**い** まる**める**	低29
岩	ガン いわ	低41
顔	ガン かお	低25
キ		
汽	キ	低62
記	キ しる**す**	低84
帰	キ かえ**る** かえ**す**	低60
弓	キュウ㊥ ゆみ	低67
牛	ギュウ うし	低20

魚
ギョ
うお
さかな
低 21

京
キョウ
ケイ㊥
低 97

強
キョウ・ゴウ㊥
つよ**い**・つよ**まる**
つよ**める**
し**いる**㊥
低 81

教
キョウ
おし**える**
おそ**わる**
低 56

近
キン
ちか**い**
低 86

ケ

兄
ケイ㊥
キョウ
あに
低 17

形
ケイ
ギョウ
かた
かたち
低 97

計
ケイ
はか**る**
はか**らう**
低 60

元
ゲン
ガン
もと
低 110

言
ゲン
ゴン
い**う**
こと
低 44

原
ゲン
はら
低 38

コ

戸
コ
と
低 49

古
コ
ふる**い**
ふる**す**
低 59

午
ゴ
低 62

後
ゴ・コウ
のち・うし**ろ**
あと
おく**れる**㊥
低 62

語
ゴ
かた**る**
かた**らう**
低 44

工
コウ
ク
低 58

公
コウ
おおやけ㊥
低 87

広
コウ
ひろ**い**・ひろ**まる**
ひろ**める**
ひろ**がる**
ひろ**げる**
低 31

交
コウ
ま**じわる**・ま**じえる**
ま**じる**・ま**ざる**
ま**ぜる**・か**う**㊥
か**わす**㊥
低 61

光
コウ
ひか**る**
ひかり
低 60

考
コウ
かんが**える**
低 45

行
コウ・ギョウ
アン㊢
い**く**・ゆ**く**
おこな**う**
低 60

高
コウ
たか・たか**い**
たか**まる**
たか**める**
低 81

黄
コウ㊥
オウ
き
こ㊥
低 33

合
ゴウ・ガッ
カッ
あ**う**・あ**わす**
あ**わせる**
低 95

谷
コク㊥
たに
低 38

国
コク
くに
低 94

黒
コク
くろ
くろ**い**
低 33

今
コン
キン㊥
いま
低 96

サ

才
サイ
低 31

細
サイ
ほそ**い**・ほそ**る**
こま**か**
こま**かい**
低 63

見出し	漢字	読み	低
	作	サク / サ / つくる	低45
	算	サン	低56
シ	止	シ / とまる / とめる	低68
	市	シ / いち	低84
	矢	シ(高) / や	低67
	姉	シ(中) / あね	低17
	思	シ / おもう	低57
	紙	シ / かみ	低63
	寺	ジ / てら	低50
	自	ジ / シ / みずから	低27
	時	ジ / とき	低36
	室	シツ / むろ(中)	低86
	社	シャ / やしろ	低87
	弱	ジャク / よわい・よわる / よわまる / よわめる	低31
	首	シュ / くび	低25
	秋	シュウ / あき	低34
	週	シュウ	低96
	春	シュン / はる	低34
	書	ショ / かく	低59
	少	ショウ / すくない / すこし	低31
	場	ジョウ / ば	低87
	色	ショク / シキ / いろ	低33
	食	ショク / ジキ(高) / くう・たべる / くらう(高)	低20
	心	シン / こころ	低26
	新	シン / あたらしい / あらた / にい(中)	低96
	親	シン / おや / したしい / したしむ	低17
ス	図	ズ / ト / はかる(中)	低86
	数	スウ / ス(高) / かず / かぞえる	低61
セ	西	セイ / サイ / にし	低18
	声	セイ / ショウ(高) / こえ / こわ(中)	低85
	星	セイ / ショウ(中) / ほし	低37
	晴	セイ / はれる / はらす	低35

見出し	漢字	読み	番号
	切	セツ / サイ㊥ / き**る** / き**れる**	低68
	雪	セツ / ゆき	低35
	船	セン / ふね / ふな	低62
	線	セン	低80
	前	ゼン / まえ	低97
ソ	組	ソ / く**む** / くみ	低58
	走	ソウ / はし**る**	低68
タ	多	タ / おお**い**	低55
	太	タイ / タ / ふと**い** / ふと**る**	低30
	体	タイ / テイ㊥ / からだ	低26
	台	ダイ / タイ	低66
チ	地	チ / ジ	低41
	池	チ / いけ	低39
	知	チ / し**る**	低43
	茶	チャ / サ㊥	低32
	昼	チュウ / ひる	低36
	長	チョウ / なが**い**	低67
	鳥	チョウ / とり	低21
	朝	チョウ / あさ	低36
	直	チョク・ジキ / ただ**ちに** / なお**す** / なお**る**	低55
ツ	通	ツウ・ツ㊭ / とお**る** / とお**す** / かよ**う**	低61
テ	弟	テイ㊥ / ダイ / デ㊥ / おとうと	低17
	店	テン / みせ	低49
	点	テン	低31
	電	デン	低37
ト	刀	トウ / かたな	低67
	冬	トウ / ふゆ	低34
	当	トウ / あた**る** / あ**てる**	低84
	東	トウ / ひがし	低18
	答	トウ / こた**える** / こたえ	低57
	頭	トウ・ズ / ト㊭ / あたま / かしら㊥	低25
	同	ドウ / おな**じ**	低95

索引	漢字	読み	低
	道	ドウ / トウ(高) / みち	低50
	読	ドク / トク / トウ / よ**む**	低56
ナ	内	ナイ / ダイ(中) / うち	低94
	南	ナン / ナ(高) / みなみ	低18
ニ	肉	ニク	低26
ハ	馬	バ / うま / ま(高)	低20
	売	バイ / う**る** / う**れる**	低59
	買	バイ / か**う**	低58
	麦	バク(中) / むぎ	低23
	半	ハン / なか**ば**	低96
	番	バン	低110
フ	父	フ / ちち	低16
	風	フウ / フ(高) / かぜ / かざ	低41
	分	ブン・フン・ブ / わ**ける**・わ**かれる** / わ**かる** / わ**かつ**	低58
	聞	ブン / モン(高) / き**く** / き**こえる**	低42
ヘ	米	ベイ / マイ / こめ	低23
ホ	歩	ホ・ブ(中) / フ(高) / ある**く** / あゆ**む**	低42
	母	ボ / はは	低16
	方	ホウ / かた	低18
	北	ホク / きた	低18
マ	毎	マイ	低80
	妹	マイ(中) / いもうと	低17
	万	マン / バン(中)	低28
メ	明	メイ・ミョウ・あか**り** / あか**るい**・あか**るむ** / あか**らむ**・あき**らか** / あ**ける**・あ**く** / あ**くる**・あ**かす**	低80
	鳴	メイ / な**く** / な**る** / な**らす**	低21
モ	毛	モウ / け	低27
	門	モン / かど(中)	低49
ヤ	夜	ヤ / よ / よる	低36
	野	ヤ / の	低38
ユ	友	ユウ / とも	低81
ヨ	用	ヨウ / もち**いる**	低58
	曜	ヨウ	低96

ラ	来	ライ／く**る**／きた**る**㊥／きた**す**㊥	低68
リ	里	リ／さと	低34
	理	リ	低63
ワ	話	ワ／はな**す**／はなし	低80

3年《ねん》生《せい》で学《がく》習《しゅう》する200字《じ》

ア	悪	アク／オ㊫／わる**い**	低110
	安	アン／やす**い**	低103
	暗	アン／くら**い**	低103
イ	医	イ	低103
	委	イ	低76
	意	イ	低104
	育	イク／そだ**つ**／そだ**てる**	低74
	員	イン	低105
	院	イン	低71
	飲	イン／の**む**	低69
ウ	運	ウン／はこ**ぶ**	低85
エ	泳	エイ／およ**ぐ**	低69
	駅	エキ	低50
オ	央	オウ	低89
	横	オウ／よこ	低53
	屋	オク／や	低48
	温	オン／あたた**か**／あたた**かい**／あたた**まる**／あたた**める**	低99
カ	化	カ／ケ㊥／ば**ける**／ば**かす**	低92
	荷	カ㊥／に	低106
	界	カイ	低52
	開	カイ／ひら**く**／ひら**ける**／あ**く**・あ**ける**	低70
	階	カイ	低73
	寒	カン／さむ**い**	低91
	感	カン	低114

3年生

漢字	読み	参照
漢	カン	低54
館	カン	低49
岸	ガン／きし	低39
キ		
起	キ／お**きる**／お**こる**／お**こす**	低75
期	キ／ゴ(高)	低110
客	キャク／カク㊥	低76
究	キュウ／きわ**める**㊥	低103
急	キュウ／いそ**ぐ**	低60
級	キュウ	低99
宮	キュウ／グウ㊥／ク(高)／みや	低50
球	キュウ／たま	低72
去	キョ／コ／さ**る**	低64
橋	キョウ／はし	低50
業	ギョウ／ゴウ(高)／わざ㊥	低93
曲	キョク／ま**がる**／ま**げる**	低55
局	キョク	低99
銀	ギン	低98
ク		
区	ク	低75
苦	ク／くる**しい**・くる**しむ**／くる**しめる**／にが**い**／にが**る**	低106
具	グ	低104
君	クン／きみ	低90
ケ		
係	ケイ／かか**る**／かかり	低98
軽	ケイ／かる**い**／かろ**やか**㊥	低73
血	ケツ／ち	低26
決	ケツ／き**める**／き**まる**	低77
研	ケン／と**ぐ**㊥	低93
県	ケン	低52
コ		
庫	コ／ク(高)	低49
湖	コ／みずうみ	低39
向	コウ／む**く**・む**ける**／む**かう**／む**こう**	低19
幸	コウ／さいわ**い**／しあわ**せ**／さち㊥	低87
港	コウ／みなと	低52

見出し	漢字	読み	低
	号	ゴウ	低 89
	根	コン / ね	低 48
サ	祭	サイ / まつ**る** / まつ**り**	低 75
	皿	さら	低 51
シ	仕	シ｜ジ(高) / つか**える**	低 64
	死	シ / し**ぬ**	低 103
	使	シ / つか**う**	低 65
	始	シ / はじ**める** / はじ**まる**	低 93
	指	シ / ゆび / さ**す**	低 25
	歯	シ / は	低 27
	詩	シ	低 85
	次	ジ / シ㊥ / つ**ぐ** / つ**ぎ**	低 90
	事	ジ｜ズ(高) / こと	低 43
	持	ジ / も**つ**	低 74
	式	シキ	低 75
	実	ジツ / み / み**のる**	低 73
	写	シャ / うつ**す** / うつ**る**	低 64
	者	シャ / もの	低 98
	主	シュ｜ス(高) / ぬし / おも	低 77
	守	シュ｜ス / まも**る** / も**り**㊥	低 76
	取	シュ / と**る**	低 105
	酒	シュ / さけ｜さか	低 91
	受	ジュ / う**ける** / う**かる**	低 70
	州	シュウ / す㊥	低 52
	拾	シュウ㊥ / ジュウ㊥ / ひろ**う**	低 106
	終	シュウ / お**わる** / お**える**	低 111
	習	シュウ / なら**う**	低 74
	集	シュウ / あつ**まる** / あつ**める** / つど**う**㊥	低 70
	住	ジュウ / す**む** / す**まう**	低 92
	重	ジュウ・チョウ / おも**い** / かさ**ねる** / かさ**なる** / え㊥	低 106
	宿	シュク / やど / やど**る** / やど**す**	53
	所	ショ / ところ	低 53

漢字	読み	低
暑	ショ／あつ**い**	低91
助	ジョ／たす**ける**／たす**かる**／すけ㊥	低65
昭	ショウ	低102
消	ショウ／き**える**／け**す**	低107
商	ショウ／あきな**う**㊥	低106
章	ショウ	低98
勝	ショウ／か**つ**／まさ**る**㊥	低71
乗	ジョウ／の**る**／の**せる**	低107
植	ショク／う**える**／う**わる**	低76
申	シン㊥／もう**す**	低57
身	シン／み	低26
神	シン・ジン／かみ／かん㊥／こう㊫	低76
真	シン／ま	低81
深	シン／ふか**い**／ふか**まる**／ふか**める**	低72
進	シン／すす**む**／すす**める**	低100
セ		
世	セイ／セ／よ	低53
整	セイ／ととの**える**／ととの**う**	低107
昔	セキ㊫／シャク㊥／むかし	低53
全	ゼン／まった**く**	低100
ソ		
相	ソウ／ショウ㊥／あい	低89
送	ソウ／おく**る**	低64
想	ソウ／ソ㊫	低44
息	ソク／いき	低69
速	ソク／はや**い**／はや**める**／すみ**やか**㊥	低62
族	ゾク	低98
タ		
他	タ	低102
打	ダ／う**つ**	低77
対	タイ／ツイ㊥	低77
待	タイ／ま**つ**	低69
代	ダイ・タイ／か**わる**／か**える**／よ・しろ㊥	低70
第	ダイ	低89
題	ダイ	低93

炭	タン / すみ	低 91
短	タン / みじかい	低 88
談	ダン	低 57
チ		
着	チャク / ジャク(高) / きる・きせる / つく・つける	低 92
注	チュウ / そそぐ	低 84
柱	チュウ / はしら	低 51
丁	チョウ / テイ(中)	低 89
帳	チョウ	低 88
調	チョウ / しらべる / ととのう(中) / ととのえる(中)	低 57
ツ		
追	ツイ / おう	低 70
テ		
定	テイ・ジョウ / さだめる / さだまる / さだか(高)	低 92
庭	テイ / にわ	低 48
笛	テキ / ふえ	低 66
鉄	テツ	低 110
転	テン / ころがる / ころげる / ころがす / ころぶ	低 64
ト		
都	ト / ツ / みやこ	低 52
度	ド / タク(中) / ト(高) / たび(中)	低 72
投	トウ / なげる	低 77
豆	トウ / ズ / まめ	低 23
島	トウ / しま	低 39
湯	トウ / ゆ	低 65
登	トウ / ト / のぼる	低 71
等	トウ / ひとしい	低 93
動	ドウ / うごく / うごかす	低 43
童	ドウ / わらべ(中)	低 42
ノ		
農	ノウ	低 90
ハ		
波	ハ / なみ	低 37
配	ハイ / くばる	低 104
倍	バイ	低 88
箱	はこ	低 51
畑	はた / はたけ	低 90
発	ハツ / ホツ(中)	低 84

3年生

見出し	漢字	読み	低
	反	ハン・タン(中)、ホン(高)、そ**る**、そ**らす**	低100
	坂	ハン(高)、さか	低38
	板	ハン、バン、いた	低51
ヒ	皮	ヒ、かわ	低27
	悲	ヒ、かな**しい**、かな**しむ**	低107
	美	ビ、うつく**しい**	低97
	鼻	ビ(中)、はな	低25
	筆	ヒツ、ふで	低90
	氷	ヒョウ、こおり、ひ(高)	低88
	表	ヒョウ、おもて、あらわ**す**、あらわ**れる**	低88
	秒	ビョウ	低111
	病	ビョウ・ヘイ(高)、やまい、や**む**(中)	低105
	品	ヒン、しな	低51
フ	負	フ、ま**ける**、ま**かす**、お**う**	低105
	部	ブ	低73
	服	フク	低92
	福	フク	低87
	物	ブツ、モツ、もの	低43
ヘ	平	ヘイ、ビョウ、たい**ら**、ひら	低30
	返	ヘン、かえ**す**、かえ**る**	低75
	勉	ベン	低102
ホ	放	ホウ、はな**す**、はな**つ**、はな**れる**	低71
ミ	味	ミ、あじ、あじ**わう**	低65
メ	命	メイ、ミョウ(中)、いのち	低99
	面	メン、おも(中)、おもて(中)、つら(高)	低27
モ	問	モン、と**う**、と**い**、とん	低104
ヤ	役	ヤク、エキ(中)	低73
	薬	ヤク、くすり	低102
ユ	由	ユ、ユウ、ユイ(高)、よし(高)	低99
	油	ユ、あぶら	低102
	有	ユウ、ウ(中)、あ**る**	低111
	遊	ユウ、ユ(高)、あそ**ぶ**	低69

見出し	漢字	読み	番号
ヨ	予	ヨ	低 111
	羊	ヨウ、ひつじ	低 20
	洋	ヨウ	低 30
	葉	ヨウ、は	低 22
	陽	ヨウ	低 37
	様	ヨウ、さま	低 111
ラ	落	ラク、お**ちる**、お**とす**	低 72
リ	流	リュウ、ル(高)、なが**れる**、なが**す**	低 68
	旅	リョ、たび	低 65
	両	リョウ	低 91
	緑	リョク、ロク(高)、みどり	低 32
レ	礼	レイ、ライ(高)	低 74
	列	レツ	低 63
	練	レン、ね**る**	低 74
ロ	路	ロ、じ	低 63
ワ	和	ワ・オ(高)、やわ**らぐ**(中)、やわ**らげる**(中)、なご**む**(中)、なご**やか**(中)	低 86

4年生《ねんせい》で学《がく》習《しゅう》する200字《じ》

見出し	漢字	読み	番号
ア	愛	アイ	低 108
	案	アン	高 70
イ	以	イ	高 49
	衣	イ、ころも(中)	高 46
	位	イ、くらい	高 32
	囲	イ、かこ**む**、かこ**う**	高 40
	胃	イ	高 37
	印	イン、しるし	低 101
エ	英	エイ	高 70
	栄	エイ、さか**える**、は**え**(高)、は**える**(高)	低 101
	塩	エン、しお	高 19
オ	億	オク	高 18

カ

漢字	読み	参照
加	カ / くわ**える** / くわ**わる**	低107
果	カ / は**たす** / は**てる** / はて	低115
貨	カ	高54
課	カ	高15
芽	ガ / め	高41
改	カイ / あらた**める** / あらた**まる**	低117
械	カイ	高54
害	ガイ	低114
街	ガイ / カイ㊥ / まち	高18
各	カク / おのおの(高)	高60
覚	カク / おぼ**える** / さ**ます** / さ**める**	低114
完	カン	高119
官	カン	高32
管	カン / くだ	高37
関	カン / せき	低100
観	カン	低117
願	ガン / ねが**う**	低109

キ

漢字	読み	参照
希	キ	高71
季	キ	低105
紀	キ	高19
喜	キ / よろこ**ぶ**	低108
旗	キ / はた	高46
器	キ / うつわ㊥	高55
機	キ / はた㊥	高54
議	ギ	低114
求	キュウ / もと**める**	低100
泣	キュウ㊥ / な**く**	低108
救	キュウ / すく**う**	低104
給	キュウ	高15
挙	キョ / あ**げる** / あ**がる**	低101
漁	ギョ / リョウ	低115
共	キョウ / とも	低113

見出し	漢字	読み	区分	番号
	協	キョウ	低	113
	鏡	キョウ、かがみ	高	54
	競	キョウ、ケイ、きそう(中)、せる(高)	低	78
ク	極	キョク、ゴク(中)、きわめる(中)、きわまる(中)、きわみ(中)	高	16
	訓	クン	低	113
	軍	グン	高	36
	郡	グン	高	48
ケ	径	ケイ	高	48
	型	ケイ、かた	高	62
	景	ケイ	高	40
	芸	ゲイ	高	25
	欠	ケツ、かける、かく	低	114
	結	ケツ、むすぶ、ゆう(中)、ゆわえる(中)	低	78
	建	ケン、コン(高)、たてる、たつ	高	24
	健	ケン、すこやか(中)	高	62
	験	ケン、ゲン(高)	低	117
コ	固	コ、かためる、かたまる、かたい	高	60
	功	コウ、ク(高)	高	19
	好	コウ、このむ、すく	低	109
	候	コウ、そうろう(高)	高	62
	航	コウ	高	48
	康	コウ	高	65
	告	コク、つげる	高	15
サ	差	サ、さす	高	19
	菜	サイ、な	高	41
	最	サイ、もっとも	高	64
	材	ザイ	高	55
	昨	サク	高	49
	札	サツ、ふだ	高	46
	刷	サツ、する	高	17
	殺	サツ、サイ(高)、セツ(高)、ころす	低	79
	察	サツ	低	112

漢字	読み	区分
参	サン／まいる	高24
産	サン／うむ／うまれる／うぶ（高）	高15
散	サン／ちる・ちらす／ちらかす／ちらかる	高16
残	ザン／のこる／のこす	高40
シ		
士	シ	高37
氏	シ／うじ（中）	高33
史	シ	高49
司	シ	高36
試	シ／こころみる／ためす（中）	低79
児	ジ／ニ（中）	高33
治	ジ・チ／おさめる／おさまる／なおる・なおす	高16
辞	ジ／やめる（中）	低116
失	シツ／うしなう	低79
借	シャク／かりる	高25
種	シュ／たね	高41
周	シュウ／まわり	高48
祝	シュク／シュウ（高）／いわう	低108
順	ジュン	高63
初	ショ／はじめ・はじめて／はつ／そめる（中）／うい（高）	高70
松	ショウ／まつ	高41
笑	ショウ（中）／わらう／えむ（中）	低108
唱	ショウ／となえる	低113
焼	ショウ（中）／やく／やける	高17
象	ショウ／ゾウ	低116
照	ショウ／てる／てらす／てれる	低78
賞	ショウ	低117
臣	シン／ジン	高32
信	シン	低109
セ		
成	セイ／ジョウ（高）／なる／なす	高17
省	セイ／ショウ／はぶく／かえりみる（中）	低112
清	セイ／ショウ（高）／きよい／きよまる／きよめる	高70
静	セイ／ジョウ（中）／しず・しずか／しずまる／しずめる	高71

席　セキ　高36

積　セキ／つ**む**／つ**もる**　高32

折　セツ／お**る**／お**り**／お**れる**　高17

節　セツ／セチ(高)／ふし　低79

説　セツ／ゼイ(高)／と**く**　高14

浅　セン(中)／あさ**い**　低72

戦　セン／たたか**う**／いくさ(中)　低116

選　セン／えら**ぶ**　低113

然　ゼン／ネン　高40

ソ

争　ソウ／あらそ**う**　高24

倉　ソウ／くら　高55

巣　ソウ(高)／す　高36

束　ソク／たば　高47

側　ソク／かわ　高60

続　ゾク／つづ**く**／つづ**ける**　高14

卒　ソツ　低79

孫　ソン／まご　高33

タ

帯　タイ／お**びる**／おび　高46

隊　タイ　高49

達　タツ　高25

単　タン　高62

チ

置　チ／お**く**　高14

仲　チュウ(中)／なか　高48

貯　チョ　高14

兆　チョウ／きざ**し**(高)／きざ**す**(高)　高18

腸　チョウ　高37

テ

低　テイ／ひく**い**／ひく**める**／ひく**まる**　高71

底　テイ／そこ　高60

停　テイ　低116

的　テキ／まと　高18

典　テン　高47

伝　デン／つた**わる**／つた**える**／つた**う**　高25

見出し	漢字	読み	区分
ト	徒	ト	高63
	努	ド つと**める**	低78
	灯	トウ ひ㊫	高47
	堂	ドウ	高55
	働	ドウ はたら**く**	低112
	特	トク	高64
	得	トク え**る** う**る**㊥	高24
	毒	ドク	高61
ネ	熱	ネツ あつ**い**	高19
	念	ネン	低109
ハ	敗	ハイ やぶ**れる**	高25
	梅	バイ うめ	高41
	博	ハク バク㊫	高65
	飯	ハン めし	高47
ヒ	飛	ヒ と**ぶ** と**ばす**	高24
	費	ヒ つい**やす**㊥ つい**える**㊥	高14
	必	ヒツ かなら**ず**	高60
	票	ヒョウ	高46
	標	ヒョウ	高55
フ	不	フ ブ	高71
	夫	フ フウ㊥ おっと	高33
	付	フ つ**ける** つ**く**	高15
	府	フ	高18
	副	フク	高63
	粉	フン こ こな	高47
ヘ	兵	ヘイ ヒョウ㊫	高36
	別	ベツ わ**かれる**	高65
	辺	ヘン べ あた**り**	高61
	変	ヘン か**わる** か**える**	高71
	便	ベン ビン たよ**り**	高61
ホ	包	ホウ つつ**む**	低117
	法	ホウ ハッ㊫ ホッ㊫	高32

見出し	漢字	読み	記号
	望	ボウ・モウ㊥・のぞむ	低109
	牧	ボク・まき㊥	高17
マ	末	マツ・バツ(高)・すえ	高64
	満	マン・みちる・みたす	高112
ミ	未	ミ	高65
	脈	ミャク	高37
	民	ミン・たみ㊥	高33
ム	無	ム・ブ・ない	高63
ヤ	約	ヤク	高62
ユ	勇	ユウ・いさむ	高63
ヨ	要	ヨウ・いる㊥	高61
	養	ヨウ・やしなう	低112
	浴	ヨク・あびる・あびせる	低78
リ	利	リ・きく(高)	低115
	陸	リク	高40
	良	リョウ・よい	高61
	料	リョウ	低101
	量	リョウ・はかる	低101
	輪	リン・わ	高54
ル	類	ルイ	高64
レ	令	レイ	低115
	冷	レイ・つめたい・ひえる・ひや・ひやす・ひやかす・さめる・さます	高70
	例	レイ・たとえる	低116
	歴	レキ	高16
	連	レン・つらなる・つらねる・つれる	高16
ロ	老	ロウ・おいる・ふける(高)	低112
	労	ロウ	低115
	録	ロク	高49

5年生《ねんせい》で学習《がくしゅう》する185字《じ》

行	漢字	読み	高
ア	圧	アツ	21
イ	移	イ／うつる／うつす	31
	因	イン／よる(高)	108
エ	永	エイ／ながい	69
	営	エイ／いとなむ	22
	衛	エイ	30
	易	エキ／イ／やさしい	81
	益	エキ／ヤク(高)	78
	液	エキ	113
	演	エン	87
オ	応	オウ	88
	往	オウ	30
	桜	オウ(高)／さくら	42
	恩	オン	110
カ	可	カ	80
	仮	カ／ケ㊥／かり	75
	価	カ／あたい(高)	27
	河	カ／かわ	112
	過	カ／すぎる・すごす／あやまつ(高)／あやまち(高)	26
	賀	ガ	73
	快	カイ／こころよい	76
	解	カイ・ゲ(高)／とく／とかす／とける	99
	格	カク／コウ(高)	102
	確	カク／たしか／たしかめる	103
	額	ガク／ひたい	59
	刊	カン	72
	幹	カン／みき	42
	慣	カン／なれる／ならす	95

漢字	読み	番号
眼	ガン / ゲン㊫ / まなこ㊥	高 38
キ 基	キ / もと㊥ / もとい㊫	高 66
寄	キ / よ**る** / よ**せる**	高 50
規	キ	高 20
技	ギ / わざ㊥	高 106
義	ギ	高 79
逆	ギャク / さか / さか**らう**	高 76
久	キュウ / ク㊫ / ひさ**しい**	高 81

漢字	読み	番号
旧	キュウ	高 80
居	キョ / い**る**	高 50
許	キョ / ゆる**す**	高 86
境	キョウ / ケイ㊥ / さかい	高 110
均	キン	高 20
禁	キン	高 21
ク 句	ク	高 52
群	グン / む**れる** / む**れ** / むら	高 50

漢字	読み	番号
ケ 経	ケイ / キョウ㊥ / へ**る**	高 94
潔	ケツ / いさぎよ**い**㊫	高 76
件	ケン	高 107
券	ケン	高 59
険	ケン / けわ**しい**	高 75
検	ケン	高 31
限	ゲン / かぎ**る**	高 30
現	ゲン / あらわ**す** / あらわ**れる**	高 108

漢字	読み	番号
減	ゲン / へ**る** / へ**らす**	高 28
コ 故	コ / ゆえ㊥	高 64
個	コ	高 74
護	ゴ	高 86
効	コウ / き**く**	高 78
厚	コウ㊥ / あつ**い**	高 66
耕	コウ / たがや**す**	高 90
鉱	コウ	高 113

	漢字	読み	高
	構	コウ かま**える** かま**う**	31
	興	コウ キョウ おこ**る**(高) おこ**す**(高)	90
	講	コウ	85
	混	コン まじ**る** まざ**る** まぜ**る**	76
サ	査	サ	97
	再	サイ │サ ふたた**び**	103
	災	サイ わざわ**い**㊥	108
	妻	サイ つま	34
	採	サイ と**る**	29
	際	サイ きわ(高)	75
	在	ザイ あ**る**	91
	財	ザイ │サイ㊥	53
	罪	ザイ つみ	69
	雑	ザツ ゾウ	52
	酸	サン す**い**(高)	68
	賛	サン	90
シ	支	シ ささ**える**	51
	志	シ こころざし こころざ**す**	88
	枝	シ(高) えだ	42
	師	シ	34
	資	シ	53
	飼	シ か**う**	116
	示	ジ シ㊥ しめ**す**	91
	似	ジ㊥ に**る**	75
	識	シキ	85
	質	シツ │シチ㊥ チ(高)	117
	舎	シャ	101
	謝	シャ あやま**る**㊥	85
	授	ジュ さず**ける**㊥ さず**かる**㊥	92
	修	シュウ シュ㊥ おさ**める** おさ**まる**	29
	述	ジュツ の**べる**	26
	術	ジュツ	106

漢字	読み	番号
準	ジュン	高 102
序	ジョ	高 103
招	ショウ まね**く**	高 93
承	ショウ うけたまわ**る** ㊥	高 73
証	ショウ	高 85
条	ジョウ	高 111
状	ジョウ	高 58
常	ジョウ つね とこ㊢	高 79
情	ジョウ セイ㊢ なさ**け**	高 95
織	ショク㊢ シキ お**る**	高 94
職	ショク	高 58
セ		
制	セイ	高 89
性	セイ ショウ㊥	高 117
政	セイ ショウ㊢ まつりごと㊢	高 111
勢	セイ いきお**い**	高 103
精	セイ ショウ㊥	高 53
製	セイ	高 89
税	ゼイ	高 107
責	セキ せ**める**	高 99
績	セキ	高 104
接	セツ つぐ㊢	高 77
設	セツ もう**ける**	高 28
舌	ゼツ㊥ した	高 38
絶	ゼツ た**える** た**やす** た**つ**	高 95
銭	セン ぜに㊥	高 59
ソ		
祖	ソ	高 35
素	ソ ス㊥	高 109
総	ソウ	高 95
造	ゾウ つく**る**	高 26
像	ゾウ	高 59
増	ゾウ ま**す** ふ**える** ふ**やす**	高 20
則	ソク	高 109

見出し	漢字	読み	番号
	測	ソク / はか**る**	高 28
	属	ゾク	高 50
	率	ソツ(中) / リツ / ひき**いる**	高 111
	損	ソン / そこ**なう**(中) / そこ**ねる**(中)	高 87
タ	退	タイ / しりぞ**く** / しりぞ**ける**	高 26
	貸	タイ(中) / か**す**	高 22
	態	タイ	高 117
	団	ダン / トン(高)	高 110
	断	ダン / こと**わる** / た**つ**(中)	高 23
チ	築	チク / きず**く**	高 20
	張	チョウ / は**る**	高 89
テ	提	テイ / さ**げる**(中)	高 93
	程	テイ / ほど(中)	高 102
	適	テキ	高 76
	敵	テキ / かたき(中)	高 67
ト	統	トウ / すべ**る**(高)	高 95
	銅	ドウ	高 113
	導	ドウ / みちび**く**	高 88
	徳	トク	高 74
	独	ドク / ひと**り**	高 103
ニ	任	ニン / まか**せる** / まか**す**	高 27
ネ	燃	ネン / も**える** / も**やす** / も**す**	高 91
ノ	能	ノウ	高 80
ハ	破	ハ / やぶ**る** / やぶ**れる**	高 23
	犯	ハン / おか**す**(中)	高 97
	判	ハン / バン	高 98
	版	ハン	高 58
ヒ	比	ヒ / くら**べる**	高 116
	肥	ヒ / こ**える**・こえ / こ**やす** / こ**やし**	高 43
	非	ヒ	高 81
	備	ビ / そな**える** / そな**わる**	高 28
	俵	ヒョウ / たわら	高 56

見出し	漢字	読み	番号
	評	ヒョウ	高85
	貧	ビン / ヒン㊥ / まず**しい**	高52
フ	布	フ / ぬの	高58
	婦	フ	高34
	富	フ / フウ㊢ / と**む** / とみ	高68
	武	ブ / ム	高108
	復	フク	高74
	複	フク	高67
	仏	ブツ / ほとけ	高34
ヘ	編	ヘン / あ**む**	高94
	弁	ベン	高97
ホ	保	ホ / たも**つ**	高27
	墓	ボ / はか	高59
	報	ホウ / むく**いる**㊥	高98
	豊	ホウ / ゆた**か**	高78
	防	ボウ / ふせ**ぐ**	高30
	貿	ボウ	高22
	暴	ボウ / バク㊥ / あば**れる** / あば**く**㊢	高23
ム	務	ム / つと**める**	高105
	夢	ム / ゆめ	高90
メ	迷	メイ㊥ / まよ**う**	高26
	綿	メン / わた	高56
ユ	輸	ユ	高58
ヨ	余	ヨ / あま**る** / あま**す**	高100
	預	ヨ / あず**ける** / あず**かる**	高21
	容	ヨウ	高65
リ	略	リャク	高98
	留	リュウ / ル / と**める** / と**まる**	高21
	領	リョウ	高52

6年《ねん》生《せい》で学《がく》習《しゅう》する181字《じ》

	漢字	読み	高
イ	異	イ / こと	81
	遺	イ / ユイ㊥	88
	域	イキ	105
ウ	宇	ウ	115
エ	映	エイ / うつる / うつす / はえる㊥	91
	延	エン / のびる / のべる / のばす	88
	沿	エン / そう	112
カ	我	ガ㊥ / われ / わ㊥	100
	灰	カイ㊥ / はい	114
	拡	カク	93
	革	カク / かわ㊥	57
	閣	カク	101
	割	カツ㊥ / わる・わり / われる / さく㊥	23
	株	かぶ	42
	干	カン / ほす / ひる㊥	98
	巻	カン / まく / まき	23
	看	カン	96
	簡	カン	102
キ	危	キ / あぶない / あやうい㊥ / あやぶむ㊥	69
	机	キ㊥ / つくえ	57
	揮	キ	92
	貴	キ / たっとい㊥ / とうとい㊥ / たっとぶ㊥ / とうとぶ㊥	78
	疑	ギ / うたがう	97
	吸	キュウ / すう	77
	供	キョウ / ク㊫ / そなえる / とも	27
	胸	キョウ / むね / むな㊥	39
	郷	キョウ / ゴウ㊥	108
	勤	キン / ゴン㊫ / つとめる / つとまる	21

	漢字	読み	番号
	筋	キン / すじ	高39
ケ	系	ケイ	高105
	敬	ケイ / うやま**う**	高72
	警	ケイ	高96
	劇	ゲキ	高105
	激	ゲキ / はげ**しい**	高112
	穴	ケツ㊥ / あな	高53
	絹	ケン(高) / きぬ	高56
	権	ケン / ゴン(高)	高104
	憲	ケン	高116
	源	ゲン / みなもと	高114
	厳	ゲン / ゴン(高) / きび**しい** / おごそ**か**㊥	高66
コ	己	コ / キ㊥ / おのれ㊥	高100
	呼	コ / よ**ぶ**	高91
	誤	ゴ / あやま**る**	高86
	后	コウ	高35
	孝	コウ	高67
	皇	コウ / オウ	高35
	紅	コウ / ク㊥ / べに / くれない㊥	高118
	降	コウ / お**りる** / お**ろす** / ふ**る**	高29
	鋼	コウ / はがね㊥	高113
	刻	コク / きざ**む**	高22
	穀	コク	高56
	骨	コツ / ほね	高39
	困	コン / こま**る**	高99
サ	砂	サ / シャ㊥ / すな	高114
	座	ザ / すわ**る**㊥	高50
	済	サイ / す**む** / す**ます**	高87
	裁	サイ / さば**く** / た**つ**㊥	高97
	策	サク	高104
	冊	サツ / サク(高)	高106
	蚕	サン / かいこ	高56

漢字	読み	
至	シ／いた**る**	高 89
私	シ／わたくし	高 100
姿	シ／すがた	高 117
視	シ	高 96
詞	シ	高 84
誌	シ	高 57
磁	ジ	高 80
射	シャ／い**る**	高 89
捨	シャ／す**てる**	高 93
尺	シャク	高 104
若	ジャク(中)／ニャク(高)／わか**い**／も**しくは**(高)	高 118
樹	ジュ	高 42
収	シュウ／おさ**める**／おさ**まる**	高 51
宗	シュウ／ソウ(中)	高 106
就	シュウ／ジュ(高)／つ**く**(中)／つ**ける**(中)	高 73
衆	シュウ／シュ(高)	高 34
従	ジュウ／ショウ(高)／ジュ(高)／したが**う**／したが**える**	高 30
縦	ジュウ／たて	高 105
縮	シュク／ちぢ**む**・ちぢ**まる**／ちぢ**める**／ちぢ**れる**／ちぢ**らす**	高 94
熟	ジュク／う**れる**(中)	高 43
純	ジュン	高 118
処	ショ	高 111
署	ショ	高 104
諸	ショ	高 77
除	ジョ／ジ(中)／のぞ**く**	高 29
将	ショウ	高 35
傷	ショウ／きず／いた**む**(中)／いた**める**(中)	高 27
障	ショウ／さわ**る**(高)	高 29
城	ジョウ／しろ	高 77
蒸	ジョウ／む**す**(中)／む**れる**(中)／む**らす**(中)	高 113
針	シン／はり	高 57
仁	ジン／ニ(中)	高 74

低 1 4 7

ス

漢字	読み	
垂	スイ　たれる　たらす	高 116
推	スイ　おす(中)	高 87
寸	スン	高 107

セ

漢字	読み	
盛	セイ(中)　ジョウ(高)　もる　さかる(中)　さかん(中)	高 118
聖	セイ	高 79
誠	セイ　まこと(中)	高 66
宣	セン	高 73
専	セン　もっぱら(中)	高 66
泉	セン　いずみ	高 114
洗	セン　あらう	高 28
染	セン(中)　そめる　そまる　しみる(高)　しみ(高)	高 116
善	ゼン　よい	高 68

ソ

漢字	読み	
奏	ソウ　かなでる(高)	高 90
窓	ソウ　まど	高 101
創	ソウ	高 72
装	ソウ　ショウ(中)　よそおう(高)	高 118
層	ソウ	高 110
操	ソウ　あやつる(中)　みさお(高)	高 92
蔵	ゾウ　くら(中)	高 101
臓	ゾウ	高 39
存	ソン　ゾン	高 67
尊	ソン　たっとい　たっとぶ　とうとい　とうとぶ	高 72

タ

漢字	読み	
宅	タク	高 100
担	タン　かつぐ(高)　になう(高)	高 93
探	タン　さがす　さぐる(中)	高 92
誕	タン	高 86
段	ダン	高 110
暖	ダン　あたたか　あたたかい　あたたまる　あたためる	高 69

チ

漢字	読み	
値	チ　ね　あたい(中)	高 111
宙	チュウ	高 115
忠	チュウ	高 68
著	チョ　あらわす(中)　いちじるしい(中)	高 79

見出し	漢字	読み	高
	庁	チョウ	75
	頂	チョウ / いただき / いただく	115
	潮	チョウ / しお	114
	賃	チン	107
ツ	痛	ツウ / いたい / いたむ / いためる	99
テ	展	テン	51
ト	討	トウ / うつ㊥	84
	党	トウ	107
	糖	トウ	43
	届	とどける / とどく	51
ナ	難	ナン / むずかしい / かたい(高)	77
ニ	乳	ニュウ / ちち / ち㊥	43
	認	ニン㊥ / みとめる	84
ノ	納	ノウ・ナッ㊥ / トウ㊥・ナ(高) / ナン(高) / おさめる / おさまる	94
	脳	ノウ	38
ハ	派	ハ	112
	拝	ハイ / おがむ	92
	背	ハイ / せ・せい / そむく㊥ / そむける㊥	39
	肺	ハイ	38
	俳	ハイ	35
	班	ハン	53
	晩	バン	115
ヒ	否	ヒ / いな(高)	81
	批	ヒ	87
	秘	ヒ / ひめる㊥	31
フ	腹	フク / はら	38
	奮	フン / ふるう	79
ヘ	並	ヘイ㊥ / なみ・ならぶ / ならべる / ならびに	51
	陛	ヘイ	109
	閉	ヘイ / とじる / しめる / しまる / とざす㊥	20
	片	ヘン㊥ / かた	69
ホ	補	ホ / おぎなう	99

	暮	ボ(中) くれる くらす	高115
	宝	ホウ たから	高57
	訪	ホウ たずねる おとずれる(中)	高86
	亡	ボウ モウ(高) ない(高)	高98
	忘	ボウ(中) わすれる	高22
	棒	ボウ	高52
マ	枚	マイ	高109
	幕	マク バク	高101
ミ	密	ミツ	高80
メ	盟	メイ	高73
モ	模	モ ボ	高31
ヤ	訳	ヤク わけ	高84
ユ	郵	ユウ	高109
	優	ユウ やさしい(中) すぐれる(中)	高74
ヨ	幼	ヨウ おさない	高68
	欲	ヨク ほしい(中) ほっする(高)	高72
	翌	ヨク	高67
ラ	乱	ラン みだれる みだす	高102
	卵	ラン(中) たまご	高43
	覧	ラン	高96
リ	裏	リ(中) うら	高106
	律	リツ リチ(高)	高117
	臨	リン のぞむ(中)	高96
ロ	朗	ロウ ほがらか(中)	高78
	論	ロン	高84

特《とく》別《べつ》な読《よ》み方《かた》一《いち》覧《らん》

＊読《よ》み方《かた》をおぼえたら、□にチェックしよう

小《しょう》学《がっ》校《こう》で学《がく》習《しゅう》するもの

□明日　あす
□お母さん　おかあさん
□お父さん　おとうさん
□大人　おとな
□河原・川原　かわら
□昨日　きのう
□今日　きょう
□果物　くだもの
□今朝　けさ

□景色　けしき
□今年　ことし
□清水　しみず
□上手　じょうず
□七夕　たなばた
□一日　ついたち
□手伝う　てつだう
□時計　とけい
□友達　ともだち
□兄さん　にいさん
□姉さん　ねえさん
□博士　はかせ
□二十日　はつか
□一人　ひとり
□二人　ふたり
□二日　ふつか

□下手　へた
□部屋　へや
□迷子　まいご
□真っ赤　まっか
□真っ青　まっさお
□眼鏡　めがね
□八百屋　やおや

中《ちゅう》学《がっ》校《こう》で学《がく》習《しゅう》するもの

□小豆　あずき
□硫黄　いおう
□意気地　いくじ
□田舎　いなか
□海原　うなばら
□乳母　うば

□浮つく　うわつく
□笑顔　えがお
□叔父・伯父　おじ
□乙女　おとめ
□叔母・伯母　おば
□お巡りさん　おまわりさん
□風邪　かぜ
□仮名　かな
□為替　かわせ
□心地　ここち
□早乙女　さおとめ
□差し支える　さしつかえる
□五月晴れ　さつきばれ
□早苗　さなえ
□五月雨　さみだれ
□時雨　しぐれ

□竹刀　しない
□芝生　しばふ
□三味線　しゃみせん
□砂利　じゃり
□白髪　しらが
□相撲　すもう
□草履　ぞうり
□太刀　たち
□立ち退く　たちのく
□足袋　たび
□梅雨　つゆ
□凸凹　でこぼこ
□名残　なごり
□雪崩　なだれ
□二十・二十歳　はたち
□波止場　はとば

□日和　ひより
□吹雪　ふぶき
□土産　みやげ
□息子　むすこ
□紅葉　もみじ
□木綿　もめん
□最寄り　もより
□大和　やまと
□行方　ゆくえ
□若人　わこうど

高《こう》等《とう》学《がっ》校《こう》で学《がく》習《しゅう》するもの

□海女　あま
□一言居士　いちげんこじ
□息吹　いぶき

□浮気　うわき
□お神酒　おみき
□母屋・母家　おもや
□神楽　かぐら
□河岸　かし
□蚊帳　かや
□玄人　くろうと
□雑魚　ざこ
□桟敷　さじき
□数珠　じゅず
□素人　しろうと
□師走　しわす（しはす）
□数寄屋・数奇屋　すきや
□山車　だし
□稚児　ちご
□築山　つきやま

□伝馬船　てんません
□投網　とあみ
□十重二十重　とえはたえ
□読経　どきょう
□仲人　なこうど
□野良　のら
□祝詞　のりと
□猛者　もさ
□八百長　やおちょう
□浴衣　ゆかた
□寄席　よせ

著者略歴

1931（昭和6）年、東京に生まれる。1953（昭和28）年、東京大学文学部卒業。

学研『English Echo』編集長、博報堂PR兼制作ディレクター、ピーアール企画社長、東京工学院芸術専門学校教授などを歴任。

漢字の成り立ち、語源に詳しく、どうすれば多くの人に漢字に興味をもたせられるか、いかに漢字脳を鍛えるかを提起した著作で知られる。

著書に『漢字力を鍛える！　書けない漢字・読めない漢字のウンチク講座』（イーグルパブリシング）、『遊んで強くなる漢字の本』（祥伝社）、『「漢字脳」活性ドリル』（サンマーク出版）、『遊びながら学べる難読地名・珍地名事典』（PHP研究所）、『教養が試される知らない漢字練習帳』（幻冬舎）など、監修に『小学校でならう漢字1006字ブック』（すばる舎）、『漢字検定まるごと対策問題集（準1級〜4級）』（梧桐書院）などがある。


1行読《ぎょうよ》んでおぼえる小学生必修《しょうがくせいひっしゅう》1006漢字《かんじ》 低学年《ていがくねん》500漢字《かんじ》

2007年7月7日　第1刷発行
2007年9月7日　第3刷発行

著者—— 藁谷久三《わらがいひさみ》

装幀・本文デザイン —— 森一典（クリエータースタシオ）

イラスト —— 角田大介

発行者 —— 能登隆市

発行所 —— 株式会社梧桐書院《ごとうしょいん》

東京都千代田区神田和泉町1－6－2　神田ビル203　郵便番号101－0024
電話　03－5825－3620　FAX　03－5822－2773
振替　00120－8－102169

印刷・製本所 —— 能登印刷株式会社

落丁本・乱丁本は小社にてお取り替えします。

ISBN978－4－340－51003－0

梧桐書院の好評既刊

脳をやわらかくする
先崎学の子ども将棋

先崎学

ISBN978－４－340－07116－６

楽しく読んでらくらく覚えられる、将棋をぜんぜん知らない人のための入門書。駒の動かし方、将棋のルールとマナー、攻め方玉の囲い方など基本のテクニックを解説。はじめての人でも将棋が指せるようになります。実戦で役立つ格言、将棋の世界の面白い知識やこぼれ話なども盛り込んでいます。

大きな文字の最新カタカナ語辞典

稲子和夫・監

ISBN978－４－340－02423－０

日常よく使われる外来語、和製語、欧文略語14700語を幅広い分野から収録。意味をわかりやすく簡潔に解説し、同意語、反意語、補足説明で、理解度がさらに高まります。最新の科学技術、医学、ハイテク、コンピュータ用語など、専門用語、新語や新語義も収録、情報解説辞典としても役立ちます。

梧桐書院の好評既刊

はじめてのおりがみあそび

水原葵・編

ISBN978－4－340－06015－3

鳥や動く動物、花や小箱がいっぱい！　風車や、水に浮かべる舟、飛ばせる飛行機もあります。絵を描いたり、くしゃくしゃにしたりと、紙がだいすきな子どもに、一枚の紙からひろがる想像の世界をおしえます。絵本のようなうつくしいデザインのおりがみ、「ゆびにんぎょう」と「はねつきふうせん」付き！

2本のひもつき
やさしいあやとりごっこ

皆川しずく・編

ISBN978－4－340－06150－1

親子であやとりを楽しんでみませんか？　1本のひもで誰でも簡単に遊べる、やさしいあやとりを約70種類紹介。基本から手順をわかりやすく図解、かわりあやとりや手品も収録！　2本のひもつきですぐに遊べます！